Workbook and Audio Activities

Conrad J. Schmitt

The ***McGraw·Hill*** *Companies*

Send all inquiries to:
Glencoe/McGraw-Hill
8787 Orion Place
Columbus, OH 43240-4027

ISBN: 978-0-07-888407-8
MHID: 0-07-888407-1

Printed in the United States of America.

6 7 8 9 10 QDB 14 13 12

Contenido

Capítulo 1 España

Workbook 1.3

Audio Activities 1.15

Capítulo 2 Países andinos

Workbook 2.3

Audio Activities 2.17

Capítulo 3 El Cono sur

Workbook 3.3

Audio Activities 3.19

Capítulo 4 La América Central

Workbook 4.3

Audio Activities 4.15

Capítulo 5 México

Workbook 5.3

Audio Activities 5.17

Capítulo 6 El Caribe

Workbook 6.3

Audio Activities 6.13

Capítulo 7 Venezuela y Colombia

Workbook 7.3

Audio Activities 7.11

Capítulo 8 Estados Unidos

Workbook 8.3

Audio Activities 8.13

España

Nombre ______________________ Fecha ______________________

Lección 1: Cultura

Vocabulario

A Completa.

1. Es difícil y a veces peligroso conducir o manejar a lo largo de las ______________________ del mar cuando hay mucha ______________________ porque no se puede ver bien.
2. Una ______________________ no es tan alta como una montaña.
3. El ______________________ y la ______________________ son los monarcas y llevan una ______________________ de ______________________ preciosas.
4. Las tropas del rey ______________________ contra los enemigos y salieron victoriosas en la ______________________. La ganaron.
5. Una ______________________ es un tipo de barco o nave antigua.

B Identifica.

1. ______________________ 2. ______________________

C Da la palabra cuya definición sigue.

1. de otro país o nación ________________________
2. escapar ________________________
3. relativo al verano ________________________
4. un período de cien años ________________________
5. un conflicto serio; una serie de batallas ________________________
6. ser muy parecido ________________________

La geografía

D Corrige las oraciones falsas.

1. España y Portugal forman una isla.
____
2. España no tiene muchas montañas.
____
3. El paisaje gallego es todo amarillo y se parece mucho al paisaje de Andalucía.
____
____
4. En el centro de España hay mucha neblina y llueve mucho.
____
____
5. En el verano los pueblos andaluces de la Sierra Nevada y la Sierra Morena son verdaderos hornos.
____
____
6. Las islas Baleares están en el Atlántico al oeste de África.
____
____

Nombre ______________________ Fecha ______________________

Una ojeada histórica

Contesta.

1. ¿Qué evento importante ocurrió en España en 711?

2. ¿Por cuánto tiempo se quedaron en España?

3. ¿Cómo fue la ciudad de Córdoba en la Edad Media?

4. ¿Cuáles son algunas palabras de origen árabe?

5. ¿Cuándo dice uno «¡Buen provecho!»?

6. ¿Cuándo empezó la Reconquista?

7. ¿Quiénes eran los Reyes Católicos?

8. ¿Qué establecieron ellos en 1481? ¿Para qué?

9. ¿Cuáles son tres eventos importantes que ocurrieron en 1492?

10. ¿Adónde llegó Colón?

Nombre ______________________ Fecha ______________________

Visitas históricas

F Completa.

1. Madrid y Barcelona son dos ______________________.
2. La residencia veraniega de los reyes moros en Granada era ______________________.
3. En Mérida puedo ver ______________________.
4. Y en Segovia puedo ver ______________________.

Comida

G Prepara una lista de todas las comidas españolas que conoces.

____

____

____

____

Nombre ______________________ Fecha ______________________

Lección 2: Gramática

Pretérito de los verbos regulares

A Indica si el adverbio expresa tiempo pasado o presente.

	pasado	presente
1. ahora	☐	☐
2. ayer	☐	☐
3. este año	☐	☐
4. en este momento	☐	☐
5. hace un año	☐	☐
6. anoche	☐	☐
7. esta noche	☐	☐
8. el verano pasado	☐	☐

B Completa con el pretérito del verbo.

Anoche yo ______________ (1) (sentarse) en la terraza de un café en la Castellana, una calle bonita de Madrid. Yo ______________ (2) (comenzar) a mirar a la gente que pasaba por el café. De repente un autobús ______________ (3) (pararse) en la esquina y ______________ (4) (bajar[se]) mi amigo Carlos. Él me ______________ (5) (ver) y ______________ (6) (sentarse) a la mesa conmigo. Nosotros dos ______________ (7) (empezar) a hablar de muchas cosas. Luego él me ______________ (8) (invitar) a ir con él a un mesón. Yo lo ______________ (9) (acompañar). En el mesón nosotros ______________ (10) (comer) algunas tapas y ______________ (11) (escuchar) la música de los tunos. Nosotros ______________ (12) (pasar) unas horas muy agradables.

Nombre ______________________ Fecha ______________________

C Escribe el párrafo en el pretérito.

Mis amigos y yo pasamos unos días en Madrid. José, un amigo de mi hermano, me invita a ir al barrio viejo. Nos sentamos en la terraza de un café en la Plaza Mayor. Luego él me invita a ir a un mesón en la calle de Cuchilleros. Cuando entramos, José ve a otro amigo, Felipe. Felipe conversa con nosotros y sale poco después. Luego entran otros amigos y todos hablamos juntos. Llego a casa muy tarde pero no importa porque lo paso muy bien en Madrid.

____

____

____

____

____

____

____

____

____

Pretérito de los verbos de cambio radical e → i, o → u

A Escribe frases según el modelo.

MODELO **yo / langosta / él / camarones (pedir) →**
Yo pedí langosta y él pidió camarones.

1. yo / pescado / él / papas (freír)

____

2. ella / el plato principal / yo / la ensalada (servir)

____

3. él y yo / postre / yo / ensalada (pedir)

____

4. todos ellos / el postre / yo también lo (repetir)

____

5. ellos / enseguida / yo / también (dormirse)

____

6. usted casi / de hambre / yo casi / de sed (morirse)

____

B Escribe en el pretérito.

1. El paciente pide ayuda cuando llega a la sala de emergencia.

____

2. Los médicos consiguen cerrarle la herida.

____

3. La enfermera viste al niño.

____

4. ¿Por qué no pides anestesia?

____

5. Los pacientes no se ríen de nada.

____

Pretérito de los verbos irregulares

A Completa con el pretérito de los verbos.

1. Yo ______________________ un carro. (conducir)
2. Lupe ______________________ otro carro. (conducir)
3. Nosotros ______________________ a un restaurante bueno y económico en el campo. (ir)
4. El camarero ______________________ a la mesa. (venir)
5. Él ______________________ el menú y lo ______________________ en la mesa. (traer, poner)
6. La mayoría de nosotros no lo ______________________ comprender. (poder)
7. Ana nos lo ______________________. (traducir)
8. Nosotros ______________________ que pedir en español porque el camarero no comprendió ni una palabra de inglés. (tener)
9. Una vez él no comprendió y nos ______________________ una señal. (hacer)
10. Y luego nosotros se lo ______________________ otra vez. (decir)
11. Después de comer, nosotros ______________________ por los jardines. (andar)
12. Nadie ______________________ volver a la ciudad. (querer)

Nombre ______________________ Fecha ______________________

B Contesta según la Actividad A.

1. ¿Quiénes condujeron?
2. ¿Adónde fueron ustedes?
3. ¿Qué hizo el camarero cuando vino a la mesa?
4. ¿Quién tradujo el menú?
5. ¿Por qué tuvo que traducir el menú?
6. ¿Por qué fue necesario pedir en español?
7. ¿Por qué anduvieron ustedes por los jardines después de comer?

C Escribe en el pretérito.

1. Elena va a España. Ella lo pasa bien allí. Se divierte mucho.
2. Lo encuentra muy fácil viajar de un lugar a otro.
3. Un día hay un tapón en la autopista y Elena y sus amigos llegan tarde a Barajas, el aeropuerto de Madrid. Pierden su vuelo y tienen que tomar el puente aéreo.
4. Cuando llegan a Palma de Mallorca los conductores de los autocares están en huelga *(on strike)*. ¿Qué hacen? Ponen sus maletas en el baúl de un taxi y van a la ciudad. Una vez más no hay problema. El taxista les cobra lo que indica el taxímetro.

5. Van de Madrid a Sevilla en el AVE. En menos de tres horas están en Sevilla.

____

____

6. Pero no pueden tomar el AVE a La Coruña. Tienen que tomar el tren nocturno y el viaje es mucho más largo pero no importa porque se divierten mucho en el tren.

____

____

____

Sustantivos y artículos

A Completa con el artículo apropiado y el adjetivo.

1. ____________ agua del océano es ____________. (salado)
2. ____________ armas de fuego son ____________. (peligroso)
3. ____________ hambre en aquel país es ____________. (espantoso)
4. ____________ águila tiene ____________ ala ____________. (roto)
5. ____________ problema existe en ____________ (todo) ____________ área ____________. (metropolitano)

B Completa con el artículo definido.

1. ____________ mapas están en la guantera del carro.
2. No, ____________ programa no está en la guantera.
3. No está funcionando ____________ sistema eléctrico.
4. Recibí ____________ telegrama esta mañana.
5. Él me indicó ____________ días que estaría con nosotros.

C Escribe en el singular o en el plural.

1. El tema es muy interesante.

____

2. Los mapas de los sistemas de metro están con los telegramas.

____

3. Me gustan más los poemas que los dramas.

____

4. Las fotos están en las manos del niño.

____

Nombre ______________________ Fecha ______________________

Lección 3: Periodismo

Sobreviviente recuerda bombardeo a Guernica

Vocabulario

A Completa con una palabra apropiada.

1. Los pobres viven en los ______________________ en las afueras.
2. Para tener éxito van a necesitar el ______________________ del gobierno.
3. No van a llegar a las cinco en punto. Van a llegar ______________________ las cinco.
4. ______________________ mucho tiempo él se dio cuenta de que no lo pudo hacer.
5. Durante el incendio las ______________________ salían del techo del edificio.
6. El edificio quemaba. Había un ______________________.
7. No lo sabían de antemano. No tenían ningún aviso ______________________.
8. Él se quemó de una manera seria y el ______________________ fue horrible.

B Da una palabra relacionada.

1. doler ______________________
2. la opción ______________________
3. la casa ______________________
4. apoyar ______________________
5. previso ______________________

C Usa cada palabra o expresión en una frase original.

1. al cabo de

____

2. doler

____

3. optar por

____

4. el apoyo

____

5. previo(a)

____

6. los aparatos

____

Nombre ____________________ Fecha ____________________

Lectura

D Contesta.

1. ¿Qué pasó en Guernica hace unos 70 años?
____
2. ¿Qué hicieron todos cuando oyeron las bombas?
____
3. ¿Por qué tuvo suerte una hermana de Josefina Odriozola cuando optó por no quedarse en la fábrica en la que trabajaba?
____
____
4. ¿Por cuántas horas tardó el bombardeo?
____

E Explica lo que significa.

1. Guernica entraba así en los libros de historia y se convertía después en una obra de arte, en un recuerdo.
____
____
____
____
2. Empezó sobre las cuatro de la tarde. Aquí en aquellos tiempos los lunes venía mucha gente al mercado, como si fuera una fiesta.
____
____
____
____

Nombre ______________________ Fecha ______________________

Mueren cinco inmigrantes

Vocabulario

A Completa con una palabra apropiada.

1. Una patera ______________________ contra una roca y ______________________.
2. Afortunadamente hubo una ______________________ en el área.
3. Tuvieron que ______________________ a las víctimas.
4. El ______________________ tuvo lugar anteayer.
5. Las víctimas ______________________ ayuda.

Lectura

B Corrige las frases falsas.

1. Dos inmigrantes murieron al naufragar la patera.

____

2. Hubo treinta y cinco mujeres abordo.

____

3. El suceso se produjo a la medianoche.

____

4. Una persona consiguió huir cuando llegó a tierra.

____

5. Un ministro español pidió ayuda a Francia en la lucha para controlar la inmigración ilegal.

____

____

Nombre ______________________ Fecha ______________________

Lección 1: Cultura

Actividad A Escucha y repite.

Actividad B Escucha y contesta.

Actividad C Escucha.

Actividad D Escucha y escribe.

1. ______________________
2. ______________________
3. ______________________
4. ______________________
5. ______________________

Actividad E Mira, escucha y escribe.

1. año en que invadieron los moros ______________________
2. por cuanto tiempo se quedaron ______________________
3. su capital ______________________
4. lo que hacían los moros ______________________
____
____
5. palabras de origen árabe ______________________
6. productos de origen árabe ______________________
7. expresiones de cortesía ______________________
8. el primer rey de la dinastía española ______________________
9. la Reconquista ______________________

Nombre ______________________ Fecha ______________________

Lección 2: Gramática

Actividad A Escucha y contesta.

Actividad B Escucha y contesta.

Actividad C Escucha y escoge.

1. a b c
2. a b c
3. a b c
4. a b c
5. a b c
6. a b c

Actividad D Escucha y contesta.

Actividad E Escucha y escoge.

1. a b c
2. a b c
3. a b c
4. a b c
5. a b c
6. a b c
7. a b c
8. a b c

Actividad F Escucha y contesta.

Actividad G Escucha y habla.

Nombre ______________________ Fecha ______________________

Actividad H Mira, escucha y contesta.

1. hacha

2. arma

3. ala

4. agua

5. águila

Actividad I Mira, escucha y contesta.

1. mapa de España
2. planetas
3. poema
4. sistema de metro
5. programa cómico
6. telegrama

Nombre ______________________ Fecha ______________________

Lección 3: Periodismo

Actividad A Escucha y repite.

Actividad B Escucha y escoge.

	correcta	incorrecta
1.	☐	☐
2.	☐	☐
3.	☐	☐
4.	☐	☐
5.	☐	☐
6.	☐	☐

Actividad C Escucha y escoge.

	sí	no
1.	☐	☐
2.	☐	☐
3.	☐	☐
4.	☐	☐
5.	☐	☐

Actividad D Escucha y repite.

Actividad E Escucha y escoge.

	sí	no
1.	☐	☐
2.	☐	☐
3.	☐	☐
4.	☐	☐
5.	☐	☐
6.	☐	☐
7.	☐	☐

Lección 4: Literatura

Actividad A Escucha y repite.

Nombre ______________________ **Fecha** ______________________

Actividad B Escucha y escoge.

1. a b c
2. a b c
3. a b c

Actividad C Escucha.

Actividad D Escucha y escoge.

	correcta	incorrecta
1.	☐	☐
2.	☐	☐
3.	☐	☐
4.	☐	☐
5.	☐	☐
6.	☐	☐
7.	☐	☐
8.	☐	☐
9.	☐	☐
10.	☐	☐

Actividad E Escucha y escribe.

Que es mi ______________________ mi tesoro,
que es mi dios la ______________________,
mi ley, la fuerza y el ______________________,
mi única ______________________, la mar.

Actividad F Escucha y repite.

Actividad G Escucha.

Actividad H Escucha y escoge.

1. a b c
2. a b c
3. a b c
4. a b c
5. a b c

Países andinos

Nombre ______________________ Fecha ______________________

Países andinos

Lección 1: Cultura

Vocabulario

A Completa.

1. El ______________ y la ______________ son metales preciosos.
2. Durante el invierno se puede ver los picos ______________ de las montañas.
3. Una ______________ teje un ______________.
4. Es una vista muy bonita, muy ______________.
5. Es una zona muy ______________ donde siempre hay mucha precipitación.
6. Es una zona ______________ donde siempre hace mucho calor.
7. Ellos no son pobres. Son bastante ______________.
8. No es dulce. Todo lo contrario. Es muy ______________.

B Da una palabra relacionada.

1. llover ______________
2. nevar ______________
3. la subyugación ______________
4. el calor ______________
5. la belleza ______________
6. cómodo ______________
7. la escasez ______________
8. tejer ______________

C Contesta.

1. ¿Qué es un quipu? ______________

____

2. ¿Qué es un criollo? ______________
3. ¿Qué es un(a) tejedor(a)? ______________

____

Nombre ______________________ Fecha ______________________

La geografía

D Contesta.

1. ¿En cuántas zonas geográficas se dividen Ecuador y Perú?

   ____

2. ¿Cuáles son?

   ____

   ____

3. ¿Por qué vive el menor número de habitantes en la zona de las selvas?

   ____

   ____

4. ¿Qué es la corriente Humboldt?

   ____

   ____

5. ¿Por qué no tiene costa Bolivia?

   ____

   ____

Una ojeada histórica

E Identifica.

1. el Inca ____

   ____

2. el ayllu ____

   ____

3. Viracocha ____

   ____

4. el quechua ____

   ____

5. el quipu ______

6. Machu Picchu ______

7. los chasquis ______

8. el chuño ______

9. el charqui ______

F Contesta.

1. Después de la muerte de Huayna Capac, ¿en qué se dividió el gran Imperio?

2. ¿Por qué encontró Francisco Pizarro muy poca resistencia?

3. ¿Qué querían hacer los conquistadores?

4. ¿Por qué querían convertir a los indígenas?

G Explica lo que es la encomienda.

Nombre ______________________ Fecha ______________________

H ¿Sí o no?

	sí	no
1. Durante la primera parte de la colonización, el virreinato de Perú incluía solamente Perú y Ecuador.	☐	☐
2. Las ciudades que establecieron los colonizadores se parecían mucho a las ciudades de España.	☐	☐
3. La plaza se situaba en las afueras.	☐	☐
4. Las casas de la gente de la clase alta solían tener dos pisos y balcones de madera.	☐	☐
5. Las casas de las clases más humildes tenían más pisos pero una familia diferente vivía en cada piso.	☐	☐
6. En la sociedad colonial había muy pocas diferencias sociales.	☐	☐

I Contesta.

1. Después de tres siglos de dominación española, ¿quiénes pedían reformas?

____

____

2. ¿Por qué querían su independencia? ¿Qué no pudieron seguir aceptando?

____

____

____

3. ¿Cuál fue otro suceso histórico que contribuyó al deseo de independencia?

____

____

____

4. ¿Cuándo empezaron las rebeliones independentistas?

____

5. ¿Quién luchó en el norte?

____

6. ¿Quién luchó en el sur?

____

____

7. ¿Dónde se encontraron los dos?

____

Nombre ______________________ Fecha ______________________

8. ¿Qué batallas determinaron la independencia?

9. Después de la independencia, ¿en qué se dividieron los antiguos virreinatos?

10. ¿Qué países sudamericanos han conservado una mayor población indígena?

Visitas históricas

J Identifica.

1. Machu Picchu ______________________

2. Chan Chan ______________________

3. Otavalo ______________________

4. El Convento de Santa Catalina ______________________

Nombre ______________________ Fecha ______________________

Lección 2: Gramática

El imperfecto

A Escribe en el plural.

1. Yo vivía en La Paz.

   ____

2. Yo tenía una casa de dos pisos.

   ____

3. Mi hermano dormía en el segundo piso.

   ____

4. Él dormía mucho, pero yo no. Yo siempre estudiaba.

   ____

   ____

5. Y tú, ¿dormías mucho o estudiabas mucho cuando eras muy joven?

   ____

   ____

B Completa con el imperfecto del verbo indicado.

1. La señora Martín ______________ en Cuenca, Ecuador. (vivir)
2. Todos los días el chófer la ______________ al mercado. (llevar)
3. Allí ella ______________ comida y otras cosas que ______________. (comprar, necesitar)
4. Cuando ella ______________ al mercado, les ______________ monedas a los pícaros que de costumbre la ______________ en la calle. (ir, dar, esperar)
5. Los niños ______________ que esta señora rica ______________ muy generosa. (saber, ser)
6. Por la tarde la señora ______________ a casa. (volver)

C Completa con el imperfecto del verbo indicado.

1. Cuando Pablo ______________ muy joven, él ______________ con frecuencia a las montañas. (ser, ir)
2. Su padre lo ______________ siempre. (acompañar)
3. Ellos ______________ casi todos los sábados. (ir)
4. Cuando ellos ______________ a las montañas, ______________ una merienda. (llegar, preparar)
5. Papi ______________ el almuerzo y Pablito ______________ la mesa plegable. (preparar, poner)
6. ______________ un lago en las montañas. (haber)
7. Pablo ______________ en el lago cuando ______________ buen tiempo. (nadar, hacer)
8. A Pablo le ______________ mucho estas pequeñas excursiones con papi. (gustar)

Imperfecto y pretérito

A Escoge.

1. ¿A qué hora ______ anoche?
   a. llegabas **b.** llegaste
2. Siempre ______ bien.
   a. jugaba **b.** jugó
3. En la universidad ______ todas las noches.
   a. estudiábamos **b.** estudiamos
4. Ellos ______ el otro día.
   a. venían **b.** vinieron
5. Carlos me lo ______ ayer.
   a. decía **b.** dijo
6. Alguien te ______ por teléfono hace una hora.
   a. llamaba **b.** llamó
7. La profesora ______ el poema para la clase.
   a. traducía **b.** tradujo
8. María ______ cuando su padre llamó por teléfono.
   a. comía **b.** comió

Nombre ______________________ Fecha ______________________

B Completa con el imperfecto o el pretérito.

Elena _______(1) (estar) para salir de una iglesia pequeña del casco antiguo. _______(2) (Haber) mucha gente en el portón y un señor _______(3) (empujar) a Elena. Ella _______(4) (creer) que el señor _______(5) (querer) avanzar. Pero unos momentos después ella se _______(6) (dar) cuenta de que ya no _______(7) (tener) su cartera. Afortunadamente Elena no _______(8) (llevar) mucha plata y el carterista _______(9) (robar) solo unos veinte dólares.

C Completa con el imperfecto o el pretérito.

Cuando yo _______(1) (ser) niño(a), yo _______(2) (levantarse) temprano los sábados. A las seis de la mañana, yo _______(3) (salir) de casa con mi familia. En el invierno nosotros _______(4) (ir) a las montañas y en el verano _______(5) (ir) a la playa. En las montañas yo siempre _______(6) (esquiar). En la playa toda la familia _______(7) (nadar). Nosotros _______(8) (correr) las olas o _______(9) (tomar) el sol.

Una vez mi hermano menor _______(10) (ponerse) enfermo. Por eso nosotros _______(11) (tener) que volver a casa temprano. Mi madre _______(12) (llamar) al médico y él _______(13) (venir) enseguida. Él _______(14) (examinar) a mi hermanito y nos _______(15) (decir) que él había tomado demasiado sol.

Nombre ______________________ Fecha ______________________

Dos acciones en la misma frase

A Completa con el imperfecto o el pretérito.

1. Mamá ______________________ cuando papi ______________________ por teléfono. (comer, llamar)
2. Yo ______________________ cuando me ______________________. (esquiar, caer)
3. Tomás, ¿qué ______________________ cuando yo te ______________________? (jugar, ver)
4. Los jóvenes ______________________ cuando el profesor ______________________. (estudiar, llegar)
5. Yo ______________________ en el sofá cuando mis amigos me ______________________. (dormir, despertar)

Tiempos progresivos

A Contesta.

1. En este momento, ¿qué estás haciendo?
____
____
2. ¿Y qué están haciendo los otros miembros de tu familia?
____
____
3. Ayer a la misma hora, ¿qué estabas haciendo?
____
____
4. ¿Qué estaba haciendo tu amigo(a)?
____
____

B Escribe en el presente progresivo.

1. El agente habla con uno de los pasajeros.
____
2. Le dice de qué puerta va a salir su vuelo.
____
3. Otro pasajero factura su equipaje.
____

4. Yo hago cola y espero.

____

5. El asistente de vuelo lee los reglamentos de seguridad.

____

6. Un pasajero le pide algo a la asistenta de vuelo.

____

7. Ella le trae un periódico.

____

Comparativo y superlativo

A Contesta de acuerdo con lo que pasa en tu clase.

1. ¿Quién recibe las notas más altas de la clase?

____

2. ¿Quién tiene el pelo más rubio?

____

3. ¿Quién es el/la más alto(a)?

____

4. ¿Quién tiene los ojos más azules?

____

5. ¿Quién tiene los ojos más castaños?

____

6. ¿Quién recibe notas más altas que tú?

____

7. ¿Quién es más alto(a) que tú?

____

8. ¿Quién es mayor que tú?

____

9. ¿Quién es menor que tú?

____

10. ¿Quién canta mejor que tú?

____

11. ¿Quién canta peor que tú?

____

12. ¿Quién habla más que el/la profesor(a)?

____

Nombre ______________________ Fecha ______________________

Comparativo de igualdad

A Forma una sola frase usando el comparativo de igualdad.

1. Sanlúcar de la Frontera tiene dos mil habitantes. San Bernardo tiene dos mil habitantes.

____

____

2. Sanlúcar es pequeño. San Bernardo es pequeño.

____

____

3. La plaza de Sanlúcar es bonita. La plaza de San Bernardo es bonita.

____

____

4. Hay muchas fuentes es Sanlúcar. Hay muchas fuentes en San Bernardo.

____

____

5. Sanlúcar está lejos de la capital. San Bernardo está a igual distancia de la capital.

____

____

6. El pueblo de Sanlúcar es pintoresco. El pueblo de San Bernardo es pintoresco.

____

____

Nombre ______________________ Fecha ______________________

Lección 3: Periodismo

Nuevas explosiones en volcán Tungurahua

Vocabulario

A Expresa de otra manera.

1. Hay tantos terremotos y otros desastres que tienen que *mover* el negocio.

____

____

2. ¡Qué lindo está el cielo *sin nubes*!

____

3. Yo creo que el vapor que está saliendo del volcán va a *evaporarse* pronto.

____

____

4. Necesitan *mover* el negocio.

____

5. Van a anunciar una *pausa de hostilidad.*

____

B Describe el dibujo.

____

____

____

Nombre ______________________ Fecha ______________________

Lectura

C ¿Sí o no?

	sí	no
1. El volcán entró en erupción durante la noche.	☐	☐
2. El hongo alcanzó unos cinco kilómetros de altura.	☐	☐
3. Había muchos turistas en el área.	☐	☐
4. El día de la erupción hacía mal tiempo.	☐	☐
5. Fue una erupción subterránea.	☐	☐
6. Los oficiales aseguraron que el volcán está en permanente control.	☐	☐
7. Fue necesario reubicar el ganado porque la tierra estaba cubierta de ceniza.	☐	☐

Mentores y mentados

Vocabulario

A Completa.

1. Si no te comportas bien te voy a dar ______________________.

2. Todos quieren oír lo que tiene que decir. Así todos ______________________ a su reunión.

3. Él no sabe nada. Está en las nubes. Le tenemos que poner ______________________.

4. Mis padres me dicen lo que debo hacer y casi siempre tienen razón. Son buenos ______________________.

B Usa cada palabra en una frase original.

1. aconsejar

____

2. el consejero

____

3. el consejo

____

Nombre ____________________ Fecha ____________________

Lectura

C Escribe la diferencia entre un mentor y un mentado.

____

____

____

____

____

D Escribe de uno de los siguientes temas.

características de un(a) buen(a) mentor(a)

características de un(a) buen(a) mentado(a)

____

____

____

____

____

Nombre ______________________________ Fecha ______________________________

Países andinos

Lección 1: Cultura

Actividad A Escucha y repite.

Actividad B Escucha y escoge.

	correcta	incorrecta
1.	☐	☐
2.	☐	☐
3.	☐	☐
4.	☐	☐
5.	☐	☐
6.	☐	☐
7.	☐	☐

Actividad C Escucha y escoge.

______ agrio

______ bello

______ criollo

______ subyugar

______ apoyar

______ escaso

Actividad D Escucha y escoge.

	sí	no
1.	☐	☐
2.	☐	☐
3.	☐	☐
4.	☐	☐
5.	☐	☐

Nombre ______________________ Fecha ______________________

Actividad E Escucha y escoge.

1. a b c
2. a b c
3. a b c
4. a b c
5. a b c

Actividad F Escucha.

Actividad G Escucha y escoge.

	sí	no
1.	☐	☐
2.	☐	☐
3.	☐	☐
4.	☐	☐
5.	☐	☐
6.	☐	☐
7.	☐	☐
8.	☐	☐

Actividad H Escucha y escribe.

productos	animales

Actividad I Mira, escucha y escribe.

1. La señorita dice que quieren visitar lugares en Perú y ______________________.
2. Lo más intacto de lo que construyeron los incas es ______________________.
3. La ciudad de Chan Chan fue construido por los ______________________.
4. Chan Chan fue más grande y más poblado que cualquier ciudad de ______________________.
5. El mercado que se recomienda visitar es el mercado de ______________________.
6. Los otavaleños son famosos por su preciosos ______________________.
7. La influencia española se ve en las ______________________ de Quito, Sucre y Lima.
8. Y en Arequipa deben visitar el ______________________ de Santa Catalina.

Nombre ______________________ Fecha ______________________

Lección 2: Gramática

Actividad A Escucha y escoge.

1. a b c
2. a b c
3. a b c
4. a b c
5. a b c
6. a b c

Actividad B Escucha y habla.

Actividad C Escucha y habla.

Actividad D Escucha y contesta.

Actividad E Escucha y escoge.

	pretérito	imperfecto
1.	☐	☐
2.	☐	☐
3.	☐	☐
4.	☐	☐
5.	☐	☐
6.	☐	☐
7.	☐	☐
8.	☐	☐

Actividad F Escucha y contesta.

Actividad G Escucha y contesta.

Actividad H Escucha y escoge.

1. a b
2. a b
3. a b
4. a b
5. a b
6. a b

Nombre ______________________ Fecha ______________________

Actividad I Mira y habla.

MODELO **Rosa / comer** **Luis / llegar**

1.	yo / estudiar	tú / llamar
2.	nosotros / leer	teléfono / sonar
3.	ellos / jugar	empezar a llover
4.	ustedes / bailar	nosotros / entrar
5.	tú / bañarse	mamá / salir

Actividad J Escucha y contesta.

Actividad K Escucha y contesta.

Actividad L Escucha y contesta.

Actividad M Escucha y contesta.

Actividad N Mira y habla.

MODELO **yo / viajar**

1. tú / estudiar
2. nosotros / conducir
3. ellos / dormir
4. usted / esperar
5. el cocinero / preparar tacos

Actividad O Escucha y contesta.

Actividad P Escucha y habla.

Actividad Q Escucha y contesta.

Actividad R Escucha y contesta.

Lección 3: Periodismo

Actividad A Escucha y repite.

Actividad B Escucha y contesta.

Actividad C Escucha y escoge.

	correcta	incorrecta
1.	☐	☐
2.	☐	☐
3.	☐	☐
4.	☐	☐
5.	☐	☐

Nombre ______________________ Fecha ______________________

Actividad D Escucha y repite.

Actividad E Escucha.

	sí	no
1.	☐	☐
2.	☐	☐
3.	☐	☐
4.	☐	☐
5.	☐	☐

Lección 4: Literatura

Actividad A Escucha y repite.

Actividad B Escucha y escoge.

	correcta	incorrecta
1.	☐	☐
2.	☐	☐
3.	☐	☐
4.	☐	☐
5.	☐	☐
6.	☐	☐
7.	☐	☐

Actividad C Escucha y escoge.

	sí	no
1.	☐	☐
2.	☐	☐
3.	☐	☐
4.	☐	☐

Actividad D Escucha.

Nombre ______________________ Fecha ______________________

Actividad E Escucha y escoge.

1. a b c
2. a b c
3. a b c
4. a b c

Actividad F Escucha y repite.

Actividad G Escucha y contesta.

Actividad H Escucha.

Actividad I Escucha y escoge.

1. a b c
2. a b c
3. a b c
4. a b c
5. a b c
6. a b c

El Cono sur

Nombre ______________________ Fecha ______________________

Lección 1: Cultura

Vocabulario

A Parea.

1. ______ el viñedo		**a.** agresivo	
2. ______ el cerro		**b.** la lluvia	
3. ______ la llanura		**c.** tranquilo	
4. ______ el chaparrón		**d.** los vegetales	
5. ______ el odio		**e.** las uvas	
6. ______ belicoso		**f.** el rencor	
7. ______ pacífico		**g.** el monte	
8. ______ la ráfaga		**h.** sur	
9. ______ la huerta		**i.** la sabana	
10. ______ austral		**j.** el viento	

B Indica si las dos palabras están relacionadas o no.

	sí	no
1. la llanura / los llanos	☐	☐
2. la llanura / lleno	☐	☐
3. el cerro / el cierre	☐	☐
4. austral / Austria	☐	☐
5. un viñedo / una vid	☐	☐
6. belicoso / bello	☐	☐

C Completa.

1. Un ______________________ es una tormenta o tempestad.
2. El ganado pace en las ______________________ argentinas.
3. Un ______________________ no es muy alto.
4. Un ______________________ da uvas.
5. Una ______________________ es un viento que aumenta de velocidad rápidamente y que dura muy poco tiempo.

Nombre ______________________ Fecha ______________________

D Usa cada palabra en una frase original.

1. austral
____
2. belicoso
____
3. la sabana
____
4. el chaparrón
____
5. el peonaje
____

La geografía

E Contesta.

1. ¿Qué países comprende el Cono sur?
____
2. ¿Qué forma tiene Chile?
____
3. ¿Cómo es el desierto de Atacama y dónde está?
____
4. ¿Cómo es el clima en la región de Santiago?
____
5. ¿Qué tiempo hace más al sur?
____

F Completa.

1. Se puede dividir Argentina en ______________ grandes regiones naturales.
2. Las llanuras del nordeste es una región ______________. Es famosa por su ______________ y agricultura.
3. ______________ es la región de volcanes, altiplanos y una gran población ______________.
4. ______________ es una inmensa llanura de hierba que cubre un 25 por ciento del país. Es la región del famoso ______________ argentino.
5. ______________ y ______________ son regiones frías y secas de llanuras de suelo seco y rocoso.

Nombre ______________________ Fecha ______________________

G ¿Sí o no?

	sí	no
1. Uruguay es el país más grande de la América del Sur.	☐	☐
2. En los llanos uruguayos hay muchas estancias grandes.	☐	☐
3. Paraguay, como Bolivia, no tiene costa.	☐	☐
4. En muchas partes de Paraguay hace frío durante todo el año.	☐	☐
5. El Chaco es una zona muy húmeda.	☐	☐

Una ojeada histórica

H Explica.

1. las diferencias entre los grupos indígenas al norte del Cono sur y los del Cono sur

____

____

____

____

____

2. las características de los guaraníes de Paraguay

____

____

____

____

____

3. las influencias guaraníes en la vida contemporánea paraguaya

____

____

____

____

____

Nombre ______________________ Fecha ______________________

I Contesta.

1. ¿De qué es el gaucho el símbolo?

2. ¿Por qué apareció el gaucho?

3. ¿Quiénes eran los gauchos?

4. ¿Qué llevaban?

5. ¿De qué eran los guardianes?

6. ¿Qué no conocían los gauchos?

7. ¿Qué tipo de espíritu tenían?

8. ¿Con quiénes se comparan de vez en cuando?

J En tus propias palabras, escribe una biografía breve de Evita Duarte de Perón.

Nombre ______________________ Fecha ______________________

K Contesta.

1. ¿Dónde están la Patagonia y la Tierra del Fuego?

2. ¿Qué tipo de región es?

3. ¿Cómo se compara la costa patagónica chilena con la argentina?

4. ¿Qué hay en el interior de la Patagonia?

5. ¿De dónde viene el nombre de los pingüinos?

6. ¿Cómo recibió su nombre la Patagonia?

7. Y, ¿la Tierra del Fuego?

8. ¿Qué es Ushuaia?

Visitas históricas y comida

L Si haces un viaje al Cono sur, ¿qué quieres visitar y qué quieres comer?

Nombre ______________________ Fecha ______________________

Lección 2: Gramática

Presente de los verbos regulares e irregulares

A Completa con el presente del verbo indicado.

1. Nosotros ______________ español cuando ______________ en Argentina. (hablar, estar)
2. Cuando yo ______________ a Uruguay ______________ mucho bife. (ir, comer)
3. Nosotros ______________ en Montevideo pero nuestros primos ______________ en una estancia en el campo. (vivir, vivir)
4. Los domingos hay mucha gente que ______________ el tango y ______________ el bandoneón en las calles de San Telmo en Buenos Aires. (bailar, tocar)
5. Cuando yo ______________ en Paraguay, ______________ cantar a los guaraníes con sus voces melodiosas. (estar, escuchar)

B Escribe cada frase cambiando **nosotros** a **yo.**

1. Cerramos la puerta a las ocho.
____
2. No queremos ir.
____
3. Lo negamos.
____
4. Lo recordamos todo.
____
5. Queremos y podemos.
____

C Escribe cada frase cambiando **yo** a **nosotros.**

1. Pienso que sí.
____
2. Almuerzo temprano.
____
3. Vuelvo con ellos.
____

4. Lo prefiero así.

____

5. Siempre pido la misma cosa.

____

6. No lo repito.

____

D Contesta sobre un viaje imaginario a Chile.

1. ¿Haces un viaje a Chile?

____

2. ¿Cuándo sales?

____

3. ¿Cómo vas?

____

4. ¿Tienes tu pasaporte?

____

5. ¿Conoces el país o es tu primera visita?

____

6. ¿Sabes el número de tu vuelo?

____

7. ¿Oyes el anuncio de la salida de tu vuelo?

____

E Escribe de nuevo las respuestas de la Actividad D, cambiando **yo** a **mis amigos.**

1. ______________________
2. ______________________
3. ______________________
4. ______________________
5. ______________________
6. ______________________
7. ______________________

Nombre ________________________ Fecha ________________________

F Escribe de nuevo las respuestas de la Actividad E, cambiando **mis amigos** a **mis amigos y yo.**

1. ________________________
2. ________________________
3. ________________________
4. ________________________
5. ________________________
6. ________________________
7. ________________________

¿Ser o estar?

A Completa con la forma apropiada de **ser** o **estar.**

1. ¿De dónde ____________ yo? Yo ____________ de ____________.
2. Mi padre ____________ de ____________.
3. Mi madre ____________ de ____________.
4. Ahora nosotros ____________ en ____________.
5. Nuestra casa ____________ en la calle ____________.
6. La calle ____________ en ____________.
7. La calle ____________ ancha.
8. Nuestra casa ____________ pequeña.
9. Las flores que ____________ en la mesa ____________ de nuestro jardín.
10. Las flores ____________ amarillas y rojas.

B Escoge.

1. Joselito ______ cansado.
a. está **b.** es

2. No se siente bien. ______ enfermo.
a. Está **b.** Es

3. Él ______ en el hospital.
a. está **b.** es

4. El enfermero que lo cuida ______ muy simpático.
a. está **b.** es

5. Él ______ bastante joven.
a. está **b.** es

6. Siempre ______ de buen humor.
   a. está   b. es
7. Siempre tiene una sonrisa. Nunca ______ triste.
   a. está   b. es
8. Su personalidad ______ muy agradable.
   a. está   b. es

C Completa con **ser** o **estar.**

1. Arica ____________________ en la costa de Chile.
2. Arica ____________________ en el norte en el desierto de Atacama.
3. Las playas de arena blanca de Arica ____________________ muy bonitas.
4. Las playas ____________________ muy populares con los bolivianos.
5. Las aguas de la costa Pacífica ____________________ por lo general muy frías a causa de la corriente de Humboldt.
6. Pero las aguas de las playas de Arica ____________________ más calientes.
7. La iglesia de San Marcos ____________________ en la plaza principal de Arica.
8. Esta iglesia ____________________ muy interesante.
9. La iglesia ____________________ de Inglaterra pero ahora ____________________ en Arica, Chile. ¿Cómo puede ____________________?
10. Pues, enviaron la iglesia en piezas prefabricadas de Inglaterra. La torre de la iglesia ____________________ de acero. Y, ¿quién la diseñó? El famoso Alexandre Eiffel quien construyó la torre Eiffel que ____________________ en París.

Pronombres de complemento

A Contesta con **sí** usando un pronombre.

1. ¿Conoces *a Juan*?

   ____

2. ¿Conoces *a su hermana* también?

   ____

3. ¿Ellos *te* conocen bien?

   ____

4. ¿Hablaste *a Felipe* de tu viaje a Panamá?

   ____

5. ¿Hablaste *a su hermana* también?

   ____

6. ¿Dijiste *a los dos* cuanto te costaría el viaje?

   ____

Nombre ____________________ Fecha ____________________

B Contesta con **sí** usando pronombres.

1. ¿Hablaste al agente del banco?
2. ¿Él te dio tu tarjeta bancaria?
3. ¿Él te dio las instrucciones para usar el cajero automático?
4. ¿Le dio su tarjeta bancaria a tu hermana?
5. ¿Le dio su código también?
6. ¿Les dieron tus padres el dinero para abrir la cuenta corriente?

Verbos como gustar

A Expresa las siguientes ideas en español.

1. That (**Eso**) really bothers me.
2. It surprises me.
3. It scares me.
4. It makes me angry.

B ¿Qué pasó en la Actividad A? Usa tu imaginación.

Nombre ______________________ Fecha ______________________

C Completa.

1. Él me enfurece porque ______________________.
2. Él me enoja porque ______________________.
3. Él me sorprendió porque ______________________.
4. Él me asustó porque ______________________.

D Cambia **preferir** en **gustar más.**

1. Prefiero el bife argentino.
____
2. Carlos prefiere la carne vuelta a vuelta.
____
3. Tú la prefieres quemada, ¿no?
____
4. Nosotros preferimos el pescado y los mariscos.
____
5. Carolina prefiere el chupe de mariscos.
____
6. Mis amigos prefieren el pescado.
____

E Cambia **necesitar** en **faltar.**

1. Necesito tiempo.
____
2. ¿Necesitas dinero?
____
3. Ellos necesitan cambio.
____
4. Necesitamos unos días de descanso.
____

Nombre ____________________ Fecha ____________________

Palabras negativas y afirmativas

 Contesta según los dibujos.

1. ¿Hay algo en la mesa?

____

____

¿Qué hay en mesa?

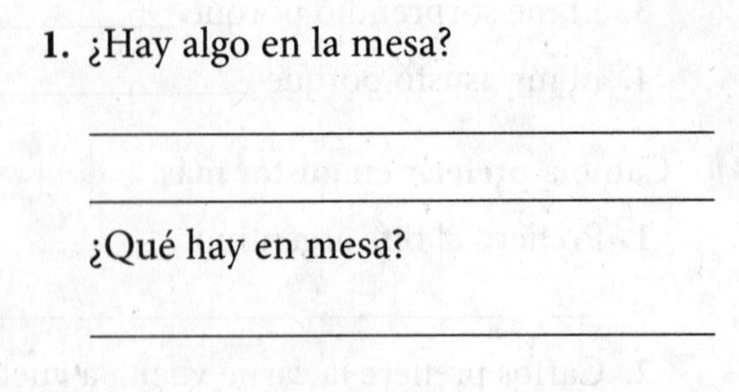

____

____

2. ¿Tiene algo en la mano el muchacho?

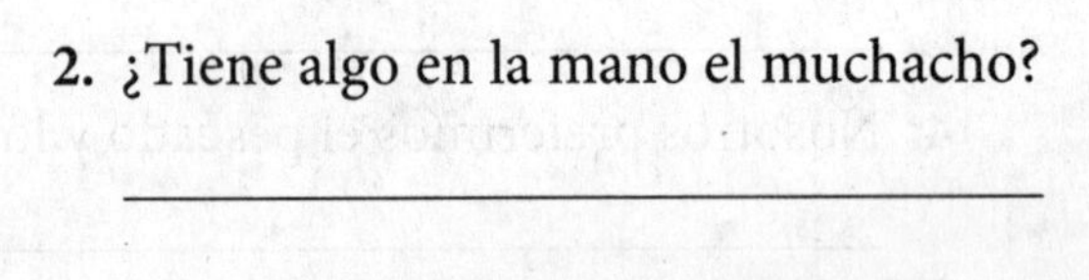

____

____

3. ¿Está leyendo alguien el periódico?

____

____

4. Cuando miras detrás de la puerta, ¿ves a alguien?

____

____

¿Quién está detrás de la puerta?

____

____

Nombre ______________________ Fecha ______________________

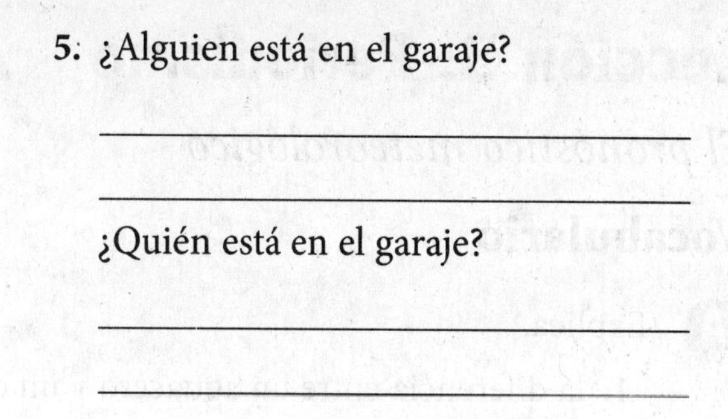

5. ¿Alguien está en el garaje?

____

¿Quién está en el garaje?

____

6. ¿Tiene la señorita algo para leer?

____

¿Qué tiene para leer?

____

B Escribe en la forma negativa.

1. A él le importa y a mí también.

____

2. Siempre compramos algo.

____

3. Alguien viene a la reunión.

____

4. ¿Viste a alguien en la huerta?

____

5. ¿Hay algún viñedo cerca de donde vives?

____

Nombre ______________________ Fecha ______________________

Lección 3: Periodismo

El pronóstico meteorológico

Vocabulario

A Explica.

1. la diferencia entre un aguacero y un chubasco

____

____

____

2. la diferencia entre un chaparrón y una tormenta

____

____

____

3. lo que es un frente

____

____

B Completa con la palabra apropiada.

1. ______________ mucho en abril pero el meteorólogo dice que no va a ______________ mañana.
2. Durante un aguacero cae mucha ______________.
3. Yo diría que la estación más ______________ es marzo y abril pero me parece que el clima está cambiando.
4. Ha cambiado el tiempo. Por la mañana hacía buen tiempo con un cielo despejado. Ahora todo está ______________.
5. No se ve el ______________ porque las nubes lo cubren.
6. La temperatura está subiendo mucho pero no me importa. No me molesta el ______________.
7. Pero la ______________ es otra cosa. Durante los días ______________, transpiro (sudo) mucho.

Nombre ______________________ Fecha ______________________

Lectura

C Escribe una sinopsis del tiempo que está haciendo en la región de Buenos Aires según el pronóstico meteorológico que está en tu libro en la página 138.

____

____

____

____

____

D Describe lo que es para ti, desde el punto de vista del tiempo, un día ideal.

____

____

____

____

____

E Expresa de otra manera.

1. con algo de sol ______________________
2. la caída de agua resultará inferior ______________________
3. las tormentas aportarán condiciones más frescas ______________________
4. el calor se tornará más moderado ______________________
5. el sol dominará la región ______________________
6. se presentará totalmente despejado ______________________
7. promoviendo temperaturas muy elevadas ______________________

Cuando hay que dejar el hogar

Vocabulario

A Da la palabra cuya definición sigue.

1. aumentar ______________________
2. el objetivo ______________________
3. usar en común ______________________
4. en la opinión de ______________________

5. apropiado; suficiente ______________________
6. la casa familiar ______________________

B Usa cada palabra en una frase original.

1. fracasar
____
2. el hogar
____
3. adecuado(a)
____
4. la meta
____
5. crecer
____

Lectura

C Expresa de otra manera.

1. La vida fuera del hogar es más que solo una nueva experiencia para cualquier egresado.
____
2. El hecho de partir, cuenta, le trajo muchos beneficios, pero también debió enfrentar la soledad que muchas veces se presenta y que puede ser la peor compañera de esa nueva vida.
____
____
____
3. El vivir fuera de casa implica responsabilidades en términos prácticos y económicos.
____
4. aprender a compartir
____

Nombre ______________________ Fecha ______________________

El Cono sur

Lección 1: Cultura

Actividad A Escucha y repite.

Actividad B Mira, escucha y escoge.

1. ______ el peonaje
2. ______ belicoso
3. ______ el chaparrón
4. ______ la sabana
5. ______ el cerro
6. ______ el odio

Actividad C Escucha y contesta.

Actividad D Escucha.

Actividad E Mira, escucha y escribe.

1. Evita como niña y joven

____

____

2. Evita como política

____

____

____

3. un secreto que tenía Evita

____

Lección 2: Gramática

Actividad A Escucha y contesta.

Actividad B Escucha y contesta.

Actividad C Escucha y repite.

Actividad D Escucha y habla.

Actividad E Escucha y habla.

Nombre ______________________ Fecha ______________________

Actividad F Escucha y habla.

Actividad G Escucha y habla.

Actividad H Escucha y contesta.

Actividad I Escucha y escribe.

1. ______________________
2. ______________________
3. ______________________
4. ______________________
5. ______________________
6. ______________________
7. ______________________
8. ______________________

Actividad J Escucha y escoge.

1. a b
2. a b
3. a b
4. a b
5. a b

Actividad K Escucha y contesta.

Actividad L Escucha y contesta.

Actividad M Escucha y habla.

Actividad N Escucha y contesta.

Actividad O Escucha y contesta.

Actividad P Mira, escucha y contesta.

1. aburrida
2. aburridos
3. enfermo
4. enferma
5. cansados
6. triste
7. sí / listos
8. sí / lista

Actividad Q Mira, escucha y contesta.

1. sábado / el estadio
2. 8:00 / el centro
3. domingo / el parque
4. en dos semanas / la capital

Actividad R Escucha y escoge.

1. a b c
2. a b c
3. a b c
4. a b c
5. a b c
6. a b c

Actividad S Escucha y contesta.

Actividad T Escucha y contesta.

Actividad U Escucha y habla.

Actividad V Escucha y contesta.

Actividad W Escucha y habla.

Actividad X Mira, escucha y contesta.

1. a Luis
2. a los niños
3. al diplomático
4. a mí
5. a los chilenos
6. al gaucho

Actividad Y Escucha y habla.

Actividad Z Escucha y habla.

Lección 3: Periodismo

Actividad A Escucha y repite.

Actividad B Escucha y escoge.

	correcta	incorrecta
1.	☐	☐
2.	☐	☐
3.	☐	☐
4.	☐	☐
5.	☐	☐
6.	☐	☐
7.	☐	☐

Actividad C Escucha y repite.

Nombre ______________________ Fecha ______________________

Actividad D Escucha y contesta.

Actividad E Escucha y escoge.

	sí	no
1.	☐	☐
2.	☐	☐
3.	☐	☐
4.	☐	☐
5.	☐	☐
6.	☐	☐

Lección 4: Literatura

Actividad A Escucha y repite.

Actividad B Escucha y escoge.

	sí	no
1.	☐	☐
2.	☐	☐
3.	☐	☐
4.	☐	☐
5.	☐	☐
6.	☐	☐
7.	☐	☐

Actividad C Escucha.

Actividad D Escucha y repite.

Actividad E Escucha y contesta.

Actividad F Escucha.

Actividad G Escucha y escoge.

1. a b c
2. a b c
3. a b c
4. a b c
5. a b c

Actividad H Escucha y repite.

La América Central

Nombre ______________________ Fecha ______________________

Lección 1: Cultura

Vocabulario

A Completa.

1. ______________________ que cubre el bohío es de paja.
2. No es muy fácil caminar en la calle. Es una calle de ______________________.
3. ______________________ son edificios muy altos que se encuentran mayormente en las ciudades grandes.
4. A él le gusta correr. ______________________ hacer jogging cada mañana antes de tomar el desayuno.
5. La salsa está muy ______________________ porque tiene muchas especias.
6. Él ______________________ estatuas en madera.

B Da una palabra relacionada.

1. el traslado ______________________
2. picar ______________________
3. una calle ______________________
4. rascar ______________________
5. un taller ______________________
6. la tierra ______________________

C Completa con la letra que falta.

1. una ca_____e_____uela
2. sue_____e
3. ta_____a
4. una mo_____a
5. un bo_____ío
6. un te_____emoto

Nombre ______________________ Fecha ______________________

D Identifica.

1. un bohío

2. un rascacielos

3. un terremoto

4. una mola

La geografía

E Contesta.

1. ¿Qué comprende el istmo de Centroamérica?

2. ¿Qué se extiende desde el norte hasta el sur del istmo?

3. ¿Qué tiene Centroamérica?

4. ¿Cuál es una desventaja de los volcanes y cuál es una ventaja?

5. ¿Por qué tiene una gran variedad de terreno y clima el istmo?

6. ¿Quiénes son los Chocó?

7. Por lo general, ¿qué tiempo hace en las costas?

8. Y, ¿qué tiempo hace en la cordillera?

9. ¿Qué nombre se le da a la estación lluviosa?

10. ¿Qué nombre se le da a la estación seca?

Civilización precolombina—los mayas

F Identifica.

1. el calendario maya

2. la escritura maya

3. las estelas mayas

4. utensilios de los mayas

5. el *Popul Vuh*

6. la decadencia del Imperio maya

7. la población indígena de Guatemala hoy en día

Nombre ______________________ Fecha ______________________

Capitales centroamericanas

G Escribe por lo menos una frase para describir cada capital.

1. la Ciudad de Guatemala

____

____

2. Tegucigalpa

____

____

3. Managua

____

____

4. San José

____

____

H Contesta.

1. ¿Qué significa «Tegucigalpa»?

____

2. ¿Qué significa «Managua»?

____

3. ¿Por qué fue trasladada la capital de Guatemala de Antigua a la Ciudad de Guatemala?

____

4. ¿Por qué fue trasladada la capital de Nicaragua de León a Managua?

____

____

5. ¿Cuál fue la capital de Costa Rica cuando el país recibió su independencia en 1821?

____

____

Nombre ______________________ Fecha ______________________

Visitas históricas

I Contesta.

1. ¿Dónde está Tikal y qué tipo de región es?

2. ¿Qué tipo de juego jugaban los mayas en la cancha de pelota que se puede ver en Copán? Descríbelo.

3. ¿Cómo viven los indígenas de las islas de San Blas en Panamá?

4. ¿Qué es una mola?

Comida

J Contesta.

1. ¿A qué otra cocina tiene mucho parentesco la cocina de la mayoría de los países centroamericanos?

2. ¿Cómo les gustan las salsas?

3. ¿Cuál es el desayuno favorito de muchos nicas y ticos? ¿Qué es?

4. ¿Quiénes son los nicas y ticos?

5. ¿Cuál es un plato favorito de los salvadoreños? ¿Qué lleva?

6. Y, ¿cuál es el plato nacional de Panamá? ¿Qué lleva?

7. ¿Qué son «bocas» o «boquitas»?

Nombre ______________________ Fecha ______________________

Lección 2: Gramática

Usos del subjuntivo

A ¿Cuáles son cinco cosas que tú quieres que tus amigos hagan mañana?

1. ______________________
2. ______________________
3. ______________________
4. ______________________
5. ______________________

B ¿Cuáles son cinco cosas que tus padres quieren que tú hagas?

1. ______________________
2. ______________________
3. ______________________
4. ______________________
5. ______________________

C Completa.

1. Espero que (Tengo ganas de que) tú ______________________.
2. Francamente prefiero que tú ______________________.
3. Yo sé que tú quieres que yo ______________________.
4. Todo el mundo exige que (insiste en que) yo ______________________.
5. Pero yo insisto en que tú ______________________.

D Escribe cinco cosas que tu profesor(a) de español insiste en que sus alumnos hagan.

1. ______________________
2. ______________________
3. ______________________
4. ______________________
5. ______________________

Nombre ______________________ Fecha ______________________

E Completa con la forma apropiada del verbo indicado.

1. Creo que ellos ______________ a venir. (ir)
2. Dudo que ellos no ______________. (venir)
3. Es cierto que él lo ______________ porque él me lo dijo. (saber)
4. Es dudoso que nosotros ______________ porque dudo que ______________ suficiente tiempo. (ir, tener)
5. No dudo que les ______________ la idea. (gustar)
6. Dudo que la información ______________ correcta. (ser)

Otros usos del subjuntivo

A Completa.

1. Me sorprende que tú ______________.
2. Nos alegramos de que ellos ______________.
3. ¿Tienes miedo que yo ______________?
4. Me gusta que tú ______________.
5. Ella está contenta que nosotros ______________.

B Forma frases.

1. nosotros / necesitar / asistente / ser / ambicioso
____
2. nosotros / querer / asistente / hablar / español
____
3. yo / conocer / alguien / ser / ambicioso
____
4. pero / yo / no conocer / nadie / hablar / español
____
5. ¿buscar / tú / personal / tener / experiencia?
____
6. ellos / solicitar / candidatos / tener / experiencia
____
7. Elena / tener / puesto / le / pagar / bien / le / gustar
____
8. yo / querer / puesto / me / pagar / bien / me / gustar
____

Nombre ______________________ Fecha ______________________

Mandatos directos e indirectos

A Completa la tabla con los mandatos.

1. hablar	hable Ud.	no hable Ud.	hablen Uds.	no hablen Uds.	no hables
2. mirar					
3. leer					
4. escribir					
5. repetir					
6. volver					
7. cerrar					
8. salir					
9. venir					
10. conducir					

B Cambia **usted a tú.**

1. Hable usted.

____

2. Coma usted.

____

3. Pida usted.

____

4. Vuelva usted.

____

5. Diga usted.

____

6. Venga usted.

____

7. Ponga usted.

____

Nombre ______________________ Fecha ______________________

C Cambia los verbos de la Actividad B a la forma negativa.

1. ______________________
2. ______________________
3. ______________________
4. ______________________
5. ______________________
6. ______________________
7. ______________________

D Escribe una frase según el modelo.

MODELO **—Lo queremos hacer.**
—Pues, ¡que lo hagan ustedes!

1. Queremos salir.
____
2. Queremos comer.
____
3. Queremos conducir.
____
4. Queremos nadar.
____
5. Queremos ir a la playa.
____

E Escribe de nuevo con **vamos a.**

1. Nademos.
____
2. Tomemos el sol.
____
3. Vamos a la playa.
____
4. Demos un paseo.
____
5. Salgamos.
____

Nombre ______________________ Fecha ______________________

Lección 3: Periodismo

Entrenamiento: Los beneficios y el por qué perseverar

Vocabulario

A Completa.

1. Todos debemos establecer ______________ que podemos alcanzar (lograr).
2. No se puede trabajar siempre. El ______________ es también necesario.
3. Hoy en día en los aeropuertos hay un límite de ______________. Una maleta no puede exceder los 22 kilos.
4. Vamos a salir victoriosos. Vamos a ______________.
5. El congreso estaba muy ______________. Asistió mucha gente.
6. Él es muy ______________ del trabajo que hace. Le gusta mucho.

B Usa cada palabra en una frase original.

1. el calor
____
2. caliente
____
3. caluroso
____
4. calentar
____
5. la calefacción
____
6. los calentamientos
____

Nombre ______________________ Fecha ______________________

Lectura

C ¿Sí o no?

	sí	no
1. El perder peso es un proceso constante.	☐	☐
2. Hoy en día los gimnasios no gozan de mucha popularidad.	☐	☐
3. Mucha gente gana peso cuando está de vacaciones.	☐	☐
4. La actividad física es una buena manera de controlar los kilos.	☐	☐
5. Cuando aceleras tu metabolismo, quemas más calorías.	☐	☐

D Explica.

1. Da dos ejemplos de actividades físicas.

____

2. Da dos ejemplos de ejercicios cadiovasculares.

____

3. Da dos ventajas de empezar los ejercicios con un buen calentamiento.

____

____

____

Nombre ______________________ Fecha ______________________

Amigos con «cédula»

Vocabulario

A Expresa de otra manera.

1. El perro *se perdió.*

____

2. Le pusieron una *tarjeta de identidad.*

____

3. Ellos *no aceptaron* la oferta.

____

4. Él le *dio* el dinero que le debió.

____

B Completa.

1. ______________________ puede ser un tipo de documento de identidad.
2. OTAN, OEA, etc. son ______________________.
3. ______________________ es una parte del cuerpo de un animal y el hocico, las patas y la cola son otras.
4. No sabíamos dónde estaba porque ______________________.

Lectura

C Contesta.

1. A veces, ¿qué puede significar una puerta abierta que da a la calle?

____

2. ¿Qué les invade a los dueños de una mascota extraviada?

____

3. ¿Qué se ha creado para poder identificar a las mascotas para devolverlas a sus dueños?

____

4. ¿Qué es el AVID?

____

____

5. ¿Cómo se implanta en el animal?

____

6. ¿Qué se usa para leer el código?

____

Nombre ______________________ Fecha ______________________

La América Central

Lección 1: Cultura

Actividad A Escucha y repite.

Actividad B Escucha y contesta.

Actividad C Escucha y escoge.

	sí	no
1.	☐	☐
2.	☐	☐
3.	☐	☐
4.	☐	☐
5.	☐	☐
6.	☐	☐
7.	☐	☐

Actividad D Escucha.

Actividad E Escucha y escribe.

1. De todas las ciudades centroamericanas la Ciudad de Guatemala tiene la ______________________.
2. La Ciudad de Guatemala es una ciudad moderna porque en 1917 había ______________________ que causó mucha destrucción.
3. Antes de la Ciudad de Guatemala, ______________________ fue la capital del país.
4. Una vez lo que se llamaba Goathemala incluía ______________________

____

Actividad F Escucha y escribe.

____

Actividad G Escucha y escribe.

____

____

____

Nombre ______________________ Fecha ______________________

Lección 2: Gramática

Actividad A Escucha y habla.

Actividad B Escucha y contesta.

Actividad C Escucha y contesta.

Actividad D Escucha y habla.

Actividad E Escucha y habla.

Actividad F Escucha y habla.

Actividad G Escucha y contesta.

Actividad H Escucha y habla.

Actividad I Escucha y escoge.

	formal	familiar
1.	☐	☐
2.	☐	☐
3.	☐	☐
4.	☐	☐
5.	☐	☐
6.	☐	☐
7.	☐	☐
8.	☐	☐
9.	☐	☐
10.	☐	☐

Actividad J Escucha y habla.

Actividad K Escucha y habla.

Actividad L Escucha y habla.

Actividad M Escucha y habla.

Actividad N Escucha y contesta.

Nombre ______________________________ Fecha ______________________________

Lección 3: Periodismo

Actividad A Escucha y repite.

Actividad B Escucha y contesta.

Actividad C Escucha y escoge.

	sí	no
1.	☐	☐
2.	☐	☐
3.	☐	☐
4.	☐	☐
5.	☐	☐
6.	☐	☐
7.	☐	☐

Actividad D Escucha y repite.

Actividad E Escucha y contesta.

Actividad F Escucha y escoge.

1. a b c
2. a b c
3. a b c
4. a b c

Lección 4: Literatura

Actividad A Escucha y repite.

Actividad B Escucha y contesta.

Actividad C Mira, escucha y parea.

1. ______ llorar
2. ______ dichoso
3. ______ la sombra
4. ______ el ramo
5. ______ el rumbo

Actividad D Escucha.

Nombre ______________________ Fecha ______________________

Actividad E Escucha y escoge.

	correcta	incorrecta
1.	☐	☐
2.	☐	☐
3.	☐	☐
4.	☐	☐

Actividad F Escucha.

Actividad G Escucha y escoge.

1. a b c
2. a b c
3. a b c

Actividad H Escucha y repite.

Actividad I Escucha y escoge.

	sí	no
1.	☐	☐
2.	☐	☐
3.	☐	☐
4.	☐	☐
5.	☐	☐
6.	☐	☐

Actividad J Escucha.

Actividad K Escucha y completa.

1. Los indígenas tienen más contacto con y respetan más la ______________.
2. Según los indígenas, sin el ______________ el hombre no puede vivir.
3. La madre del hombre es la ______________ porque le da de comer.
4. Los indígenas no comen cosas compuestas con ______________.
5. Antes de cultivar la milpa los indígenas hacen una ______________.
6. Según sus antepasados, los indígenas están hechos de ______________.
7. Ellos rezan y piden a la tierra que les dé una buena ______________.
8. También ellos rezan a sus ______________.

México

Nombre ______________________ Fecha ______________________

Lección 1: Cultura

Vocabulario

A Completa.

1. El escultor ____________ en su taller.
2. ____________ es un monumento en posición vertical sobre el suelo.
3. Lo puedes ____________ allí en la cocina.
4. Las tropas van a ____________ contra las injusticias de los comandantes.
5. El hotel tiene que ____________ a muchos huéspedes.
6. El gobierno no debe abusar de los ____________ humanos.
7. Ellos van a ____________ un viaje largo e importante.

B Da una palabra relacionada.

1. el levantamiento ____________
2. el alojamiento ____________
3. el emprendimiento ____________
4. la colocación ____________

C Completa con el pretérito del verbo apropiado.

1. Ellos ____________ furiosos.
2. Ella ____________ presidenta.
3. Él ____________ rico.
4. Él ____________ revolucionario.

La geografía

D Corrige la información falsa.

1. México es el mismo tamaño que España.

____

2. Al norte de México está Guatemala.

____

3. El clima es templado en la costa oriental.

____

4. En el centro del país el clima es cálido.

____

5. México se divide en veinticinco provincias.

____

6. La Ciudad de México es una ciudad pequeña.

____

Una ojeada histórica

E Completa.

1. Uno de los primeros grupos indígenas de México fueron los ____________________ que trabajaban de ____________________ y ____________________.
2. Los teotihuacanos vivían en los valles de ____________________ y ____________________.
3. Los teotihuacanos establecieron la ciudad de ____________________.
4. Los mayas eran excelentes ____________________ y ____________________.
5. Los aztecas fueron ____________________.
6. El dios principal de los aztecas fue ____________________.

F Escribe un resumen de la leyenda sobre el dios Huitzilopochtli.

____

____

____

____

____

____

____

Nombre ______________________ Fecha ______________________

La conquista

G Escribe cuando y bajo qué condiciones Cortés llegó a México.

H Describe la leyenda de Quetzalcóatl.

La época colonial y después

I Identifica.

1. la Nueva España
2. José Bonaparte
3. el padre Hidalgo

J Contesta.

1. ¿De qué situación se aprovechó Napoleón III para invadir México?
2. ¿Quiénes aceptaban a los invasores franceses?
3. ¿Quién fue nombrado el emperador de México?

Nombre ______________________ Fecha ______________________

La Revolución mexicana

K Da una descripción breve de la Revolución mexicana.

____

____

____

____

____

____

____

Nombre ______________________ Fecha ______________________

Lección 2: Gramática

Verbos reflexivos

A Describe lo que está pasando en cada dibujo.

1. Aurora ______________________.
   Tú ______________________.

2. Iván ______________________.
   Tú ______________________.

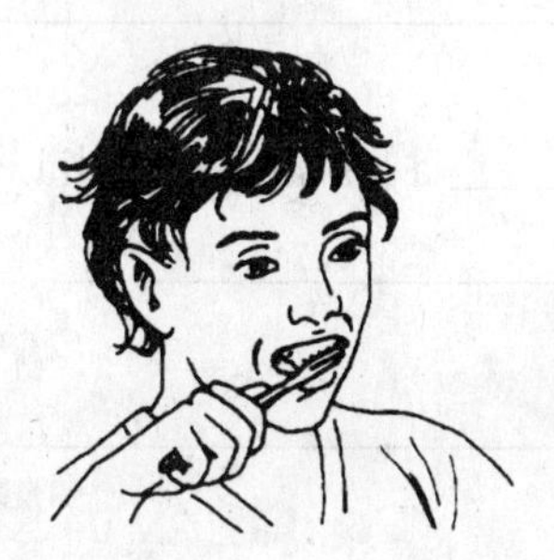

3. Yo ______________________.
   Él ______________________.

4. Los muchachos ______________________.
   Mi hermano y yo ______________________.

Nombre ________________________ Fecha ________________________

5. Nosotros ________________________.
   Las muchachas ________________________.

6. Tú ________________________.
   Yo ________________________.

B Completa con el mismo verbo.

1. Yo me duermo en seguida pero él no ____________ enseguida.
2. Ellos se sienten bien pero yo no ____________ bien.
3. Nosotros nos vestimos elegantemente pero ellos nunca ____________ elegantemente.
4. Él se despierta a las siete pero yo ____________ a las seis y media.
5. Nosotros nos divertimos siempre pero ustedes no ____________ casi nunca.
6. Ellos siempre se sientan en la terraza pero nosotros ____________ en el patio.

C Completa con el pronombre reflexivo cuando necesario.

1. ¿Por qué no ______ lavas el carro? Está muy sucio.
2. Ellos siempre lo pasan bien. ______ divierten mucho.
3. ¿A qué hora ______ acuestas al bebé?
4. ¿A qué hora lo ______ despiertas?
5. ¿Él ______ duerme enseguida o no?
6. ¿Cuántas horas ______ duerme?
7. Y tú, ¿a qué hora ______ acuestas y a qué hora ______ levantas?

D Escribe una frase para describir cada dibujo. Usa **se** en cada frase.

1. Ellas ______________________.

2. Los dos ______________________.

3. Iván y María ______________________.

La voz pasiva

A Contesta según se indica.

1. ¿Qué idiomas se hablan en México? (español y varios idiomas indígenas)

____

2. ¿En qué se divide México? (treinta y un estados y un Distrito Federal)

____

3. ¿Qué se ve en la bandera mexicana? (un águila con una serpiente en la boca)

____

4. ¿Cuándo se instituyó la reforma agraria en México? (después de la Revolución)

____

5. ¿Qué se puede observar en Chichén Itzá y Monte Albán? (las magníficas ruinas de los indígenas)

____

____

6. ¿Dónde se preparó el primer mole poblano? (en el Convento de Santa Rosa en Puebla)

____

7. ¿Qué se come en México? (muchas tortillas de maíz)

____

Nombre ______________________ Fecha ______________________

B Cambia los titulares según el modelo.

MODELO **El gobierno aprueba ley de inmigración →**
Ley de inmigración (fue) aprobada por el gobierno

1. Un camión atropelló a niño de cinco años

____

2. Estados Unidos declaró una guerra contra drogas

____

3. Dos agentes de policía arrestaron a dos delincuentes

____

4. El guardacostas rescató a las víctimas

____

Presente perfecto

A Da el participio pasado.

1. mirar ______________
2. vender ______________
3. vivir ______________
4. escribir ______________
5. abrir ______________
6. freír ______________
7. romper ______________
8. ver ______________
9. hacer ______________
10. decir ______________

B Escribe frases según el modelo.

MODELO **decir →**
Hasta ahora él no ha dicho nada.

1. comer

____

2. aprender

____

3. recibir

____

4. hacer

____

5. escribir

____

6. ver

____

Nombre ______________________ Fecha ______________________

C Forma frases en el presente perfecto.

1. todavía / yo / no / le / escribir / Tomás
2. ¿y cuántas veces / yo / te / decir / mismo / cosa?
3. ¿y cuántas veces / tú / me / prometer / escribirle?
4. pero tú sabes / por qué / yo / no / lo / hacer
5. no, no sé / por qué / tú / no / le / escribir
6. pues / yo / no / tener / tiempo
7. ¿tú / no / tener / tiempo?
8. y tú / recibir / tres / carta / él

D Escribe un párrafo describiendo lo que has hecho hoy.

Nombre ______________________ Fecha ______________________

Pluscuamperfecto

E Cambia cada frase según el modelo.

MODELO **Yo he salido. →**
Yo ya había salido.

1. Él ha vuelto.
____
2. Ellos lo han escrito.
____
3. Lo hemos puesto allí.
____
4. Tú lo has roto.
____
5. He puesto la mesa.
____
6. Se han levantado contra los invasores.
____
7. Hemos terminado.
____
8. Ella me lo ha dicho.
____

Presente perfecto del subjuntivo

A Completa. Pon lo que escribes en el pasado.

1. Me alegro de que ustedes _______________________________.
2. Tengo miedo de que él _______________________________.
3. Le gusta que nosotros _______________________________.
4. Espero que tú _______________________________.
5. Es posible que ellos _______________________________.
6. ¿Dudas que yo _______________________________?
7. No creo que tú _______________________________.

Nombre ______________________ Fecha ______________________

Colocación de los pronombres de complemento

A Sigue el modelo.

MODELO **Ella está hablando al agente de la línea aérea. →**
Ella está hablándole.
Ella le está hablando.

1. El pasajero está facturando el equipaje.

____

____

2. El agente está pesando las maletas.

____

____

3. El agente está poniendo los talones.

____

____

4. El agente quiere ver su pasaporte.

____

____

5. El agente le va a devolver su pasaporte.

____

____

B Completa la tabla.

1.	hábleme	________	________	no me hables
2.	________	no me lo dé	________	________
3.	________	________	ponlo aquí	________
4.	________	________	________	no me lo devuelvas
5.	léamela	________	________	________
6.	________	________	levántate	________
7.	________	no me las compre	________	________
8.	pídaselo a él	________	________	________

Nombre ______________________________ Fecha ______________________________

Lección 3: Periodismo

Cantarán en San Ildefonso Bon Jovi y Fito Páez

Vocabulario

A Usa cada palabra en una frase original.

1. recaudar

____

2. destacar

____

3. señalar

____

4. la propuesta

____

5. la meta

____

Lectura

B ¿Cómo se expresa la misma idea en el artículo sobre Bon Jovi?

1. Los cantantes Bon Jovi y Fito Páez *darán* un concierto.

____

2. Ofrecerán el concierto *para* recaudar fondos.

____

3. *Señaló* que este evento forma parte *del programa financiero* que *se realiza* para preservar el Bosque de Chapultepec.

____

____

4. Beneficiará no solo al Bosque de Chapultepec sino también a *los aficionados a* la buena música.

____

____

5. El evento *tendrá lugar* el 19 de julio y su costo será *unos* cuatro o cinco mil pesos por boleto.

____

____

Nombre ______________________ Fecha ______________________

6. Señaló que con esto *se aspira (espera)* ayudar a las obras de reconstrucción del Bosque.

____

____

C Escribe un resumen de todo lo que aprendiste sobre el Bosque de Chapultepec.

____

____

____

____

____

____

____

Nombre ______________________ Fecha ______________________

Películas que se estrenan esta semana

Vocabulario

A Da la palabra cuya definición sigue.

1. participar en un evento deportivo ______________
2. el/la que juega ______________
3. lo que se juega ______________
4. con lo que se juega ______________

B Completa.

1. Escaladar una montaña alta es un ______________ porque puede ocurrir un accidente.
2. Es una actividad ______________.
3. No vale ______________ la vida.

C Da una palabra que significa más o menos la misma cosa.

1. encarcelado ______________
2. poner en ridículo ______________
3. realizar ______________
4. horrible, catastrófico ______________

Lectura

D Escoge tres películas que te interesan y explica por qué.

1. ____

____

____

2. ____

____

____

3. ____

____

____

Nombre ______________________ Fecha ______________________

Lección 1: Cultura

Actividad A Escucha y repite.

Actividad B Escucha y contesta.

Actividad C Escucha y escoge.

	correcta	incorrecta
1.	☐	☐
2.	☐	☐
3.	☐	☐
4.	☐	☐
5.	☐	☐

Actividad D Escucha.

Actividad E Escucha y escribe.

1. olmecas ______________________
2. mayas ______________________
3. toltecas ______________________

Actividad F Escucha y escoge.

1. a b
2. a b
3. a b
4. a b

Lección 2: Gramática

Actividad A Escucha y contesta.

Actividad B Escucha y contesta.

Nombre ______________________ Fecha ______________________

Actividad C Mira y habla.

MODELO

Alejandro lava al perro.

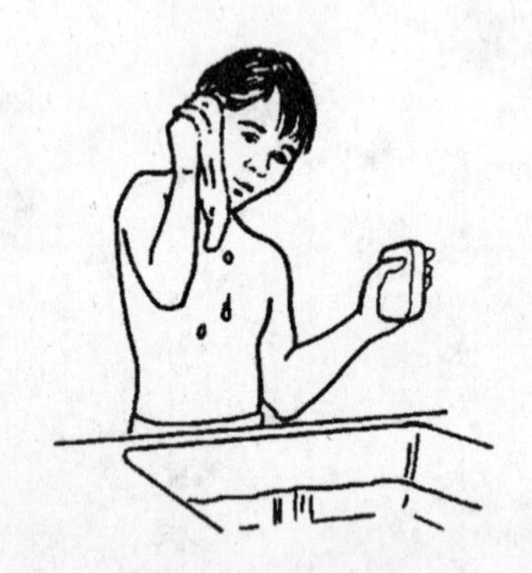

1.

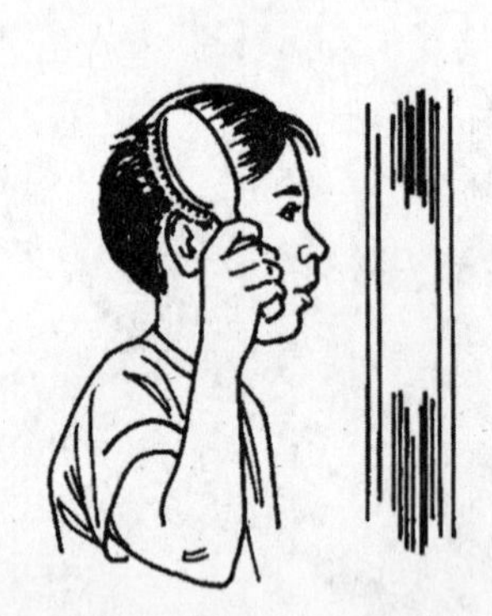

2.

3.

4.

5.

Actividad D Escucha y contesta.

Actividad E Escucha y contesta.

Actividad F Escucha y contesta.

Actividad G Escucha y contesta.

Actividad H Escucha y contesta.

Actividad I Escucha y habla.

Actividad J Escucha y contesta.

Nombre ______________________ Fecha ______________________

Actividad K Escucha y habla.

Actividad L Escucha y contesta.

Actividad M Escucha y contesta.

Actividad N Escucha y contesta.

Actividad O Escucha y contesta.

Lección 3: Periodismo

Actividad A Escucha y repite.

Actividad B Escucha y escoge.

	correcta	incorrecta
1.	☐	☐
2.	☐	☐
3.	☐	☐
4.	☐	☐

Actividad C Escucha y repite.

Actividad D Escucha y escoge.

	correcta	incorrecta
1.	☐	☐
2.	☐	☐
3.	☐	☐
4.	☐	☐
5.	☐	☐

Lección 4: Literatura

Actividad A Escucha y repite.

Actividad B Escucha y escoge.

	sí	no
1.	☐	☐
2.	☐	☐
3.	☐	☐
4.	☐	☐
5.	☐	☐

Nombre ______________________ Fecha ______________________

Actividad C Escucha.

Actividad D Escucha y escoge.

1. a b c
2. a b c
3. a b c

Actividad E Escucha.

Actividad F Escucha y repite.

Actividad G Escucha y escoge.

	si	no
1.	☐	☐
2.	☐	☐
3.	☐	☐
4.	☐	☐
5.	☐	☐
6.	☐	☐
7.	☐	☐
8.	☐	☐
9.	☐	☐

El Caribe

Nombre ______________________ Fecha ______________________

Lección 1: Cultura

Vocabulario

A Expresa de otra manera.

1. Ellos tenían costumbres *diferentes de* las de los otros grupos.

____

2. La batalla *ocurrió repentina y violentamente* el cinco de abril.

____

3. Es *una cordillera* de montañas muy larga.

____

4. Le *robaron de todo.*

____

5. Él *puso pie en la* tierra y la besó.

____

La geografía

B Identifica y describe.

1. el Caribe

____

____

2. las Grandes Antillas

____

____

3. las estaciones en la región caribeña

____

____

Nombre ______________________ Fecha ______________________

Una ojeada histórica

C Corrige la información falsa.

1. Hoy día La Española es Cuba y la República Dominicana.
2. Los españoles trataban bien a los indígenas de La Española.
3. A los indígenas les gustaban los nuevos emplazamientos de los españoles.
4. Cristóbal Colón fundó la ciudad de Santo Domingo.

D Identifica.

1. un corsario
2. un pirata

E Contesta.

1. ¿Quién conquistó Cuba?
2. ¿Cuántas ciudades habían establecido los españoles en solo dos años?
3. ¿Quiénes habitaban Cuba cuando llegaron los españoles?
4. ¿Por qué empezó a llegar a Cuba gente esclavizada de África?
5. ¿Quiénes eran dos grandes héroes de la independencia de Cuba?

Nombre ______________________ Fecha ______________________

6. ¿Qué pasó en Cuba en 1959?

7. ¿Quiénes salieron de Cuba para instalarse en España o Estados Unidos?

F Escribe una sinopsis de la historia de Puerto Rico.

Nombre ______________________ Fecha ______________________

Lección 2: Gramática

Futuro y condicional

Escribe en el futuro.

1. Ella va a hacer una llamada.
____
2. La línea va a estar ocupada.
____
3. Sus amigos van a estar hablando.
____
4. Ella va a tener que esperar.
____
5. Ella va a tener que hacer la llamada otra vez.
____
6. Ella va a hacer la llamada por segunda vez.
____
7. Otra vez la línea va a estar ocupada.
____
8. Ella va a salir de la cabina telefónica.
____
9. Ella va a esperar cinco minutos más.
____
10. Luego ella va a perder paciencia.
____
11. Va a entrar de nuevo en la cabina.
____
12. Va a descolgar el auricular y marcar el número.
____
13. Por fin su amigo va a contestar.
____
14. Ella va a querer saber cuál es el problema.
____
15. Ella se lo va a decir.
____

B Completa con el condicional de los verbos indicados.

1. Yo ______________________ la mesa pero no sé dónde están los platos. (poner)
2. Yo te lo ______________________ pero no sé los detalles. (decir)
3. Él ______________________ enseguida pero no puede porque su hijo tiene el carro. (salir)
4. Ellos lo ______________________ pero desgraciadamente tienen que estar en la oficina. (hacer)
5. Yo sabía que tú no ______________________ la paciencia que yo tengo. (tener)
6. Ellos ______________________ pero no pueden porque su padre está enfermo. (venir)

Futuro perfecto y condicional perfecto

A Escribe cinco cosas que tú habrás hecho antes del fin de este año.

1. ______________________
2. ______________________
3. ______________________
4. ______________________
5. ______________________

B Completa con el condicional perfecto de una manera lógica.

1. Yo ______________________ pero no lo hice porque empezó a llover.
2. Mis amigos ______________________ a España pero no fueron porque no tenían suficiente dinero.
3. Yo sé que tú ______________________ pero no lo hiciste porque tenías miedo.
4. Nosotros ______________________ pero no pudimos porque no nos quedó suficiente tiempo.
5. Yo ______________________ pero no lo hice porque yo sé que mis padres ______________________ furiosos.

Nombre ______________________ Fecha ______________________

C Escribe cinco cosas que tú habrías hecho pero que no hiciste porque tus padres no te permitieron o no te habrían permitido.

1. ______________________
2. ______________________
3. ______________________
4. ______________________
5. ______________________

Pronombres demostrativos

A Escribe frases según el modelo. Haz todos los cambios necesarios.

MODELO **reloj →**
Este reloj cuesta cien pesos y aquel cuesta ciento veinte. Este cuesta más que aquel. Ese que tú estás mirando cuesta aún más.

1. pulsera
2. gafas para el sol
3. anillo
4. cartera

5. zapatos

____

____

____

Pronombres posesivos

A Contesta con un pronombre posesivo.

1. ¿Estás buscando tu pasaporte?

   ____

2. ¿Has visto mi boleto?

   ____

3. ¿Tienes nuestros pasabordos?

   ____

4. ¿Tienes los pasaportes de Felipe y Enrique también?

   ____

5. ¿Vas a facturar tus maletas?

   ____

6. ¿Va a poner Enrique sus documentos en su equipaje de mano?

   ____

   ____

7. ¿Va a caber tu equipaje de mano debajo del asiento?

   ____

   ____

8. ¿Vamos a manejar el carro de Susana al aeropuerto?

   ____

   ____

Nombre ______________________________ Fecha ______________________________

Pronombres relativos

A Completa con un pronombre relativo.

1. José es una persona ____________________ tiene metas ____________________ cumple.
2. Es una persona en ____________________ todos podemos tener mucha confianza.
3. El José de ____________________ me hablas es José González, ¿no?
4. Sí, y ____________________ me gusta de José es que es una persona ____________________ tiene mucha ambición pero él es simpático y amistoso también.
5. Yo estoy de acuerdo contigo. Él me habló de varios proyectos ____________________ tiene.
6. Él piensa abrir una agencia de seguros. De todos los planes ____________________ tiene es ____________________ me gusta más. A mi parecer es ____________________ le ofrece más oportunidades.

B Completa con pronombres relativos.

1. El libro ____________________ estoy leyendo es interesante.
   Es el libro ____________________ está en la mesa.
   Es el libro de ____________________ te hablé ayer.
2. La joven ____________________ acaba de llegar es inteligente y simpática.
   Es la muchacha ____________________ ves allí con Teresa.
   Es ____________________ está con Teresa.
   Es la muchacha de ____________________ te hablaba ayer.
   Es ____________________ ya ha publicado dos novelas.

Las conjunciones y/e, o/u

Completa.

1. César ______ Irene son buenos amigos.
2. ¿Quién lo dijo? ¿Ella ______ usted?
3. ¿Es deshonesto ______ honesto tu mejor amigo?
4. ¿Usted ______ ella, los dos van con nosotros, ¿no?
5. Hay muchas plantas ______ hierbas en su jardín.

Nombre ______________________ Fecha ______________________

Lección 3: Periodismo

Lucha por preservar muralla de San Juan

Vocabulario

A Da una palabra relacionada.

1. el destrozo ______________________
2. el grosor ______________________
3. cruzar ______________________
4. mejorar ______________________
5. amenazar ______________________

Lectura

B Contesta.

1. ¿Cuáles son los más recientes enemigos de La Muralla?
____
____
2. ¿Cómo es que La Muralla se ha convertido en uno de los principales motores económicos del Caribe?
____
____
3. ¿Cuántos años tiene La Muralla?
____
4. ¿Qué ha pasado a La Muralla en años recientes?
____
____
5. Según las autoridades, ¿cuál es la mayor amenaza de La Muralla?
____
____
6. ¿Quiénes tienen la responsabilidad para el mantenimiento de La Muralla?
____
____

Nombre ______________________ Fecha ______________________

C Escribe una sinopsis de la información en el artículo sobre La Muralla.

Cuando calienta el sol aquí en la playa

Lectura

A Escribe un resumen de todo lo que dijo el señor sobre el vivir en un país que no es suyo.

B Escribe lo que aprendiste sobre la República Dominicana al leer el artículo.

Nombre ____________________ Fecha ____________________

Lección 1: Cultura

Actividad A Escucha y repite.

Actividad B Escucha y contesta.

Actividad C Escucha y escoge.

	sí	no
1.	☐	☐
2.	☐	☐
3.	☐	☐
4.	☐	☐

Actividad D Escucha.

Actividad E Escucha y escribe.

1. La Habana ____________________
2. el Faro en Santo Domingo ____________________
3. el Viejo San Juan ____________________
4. las Cuevas de Camuy ____________________

Lección 2: Gramática

Actividad A Escucha y escoge.

	futuro	condicional		futuro	condicional
1.	☐	☐	4.	☐	☐
2.	☐	☐	5.	☐	☐
3.	☐	☐	6.	☐	☐

Actividad B Escucha y contesta.

Actividad C Escucha y habla.

Actividad D Escucha y contesta.

Actividad E Escucha y contesta.

Actividad F Escucha y habla.

Actividad G Escucha y habla.

Actividad H Escucha y habla.

Actividad I Escucha y habla.

Lección 3: Periodismo

Actividad A Escucha y repite.

Actividad B Escucha y escoge.

	sí	no
1.	☐	☐
2.	☐	☐
3.	☐	☐
4.	☐	☐
5.	☐	☐
6.	☐	☐
7.	☐	☐

Lección 4: Literatura

Actividad A Escucha y repite.

Actividad B Escucha y escoge.

1. a b c
2. a b c
3. a b c
4. a b c
5. a b c
6. a b c
7. a b c

Nombre ______________________ Fecha ______________________

Actividad C Escucha y contesta.

Actividad D Escucha.

Actividad E Escucha y escoge.

1. a b c
2. a b c
3. a b c

Actividad F Escucha.

Actividad G Escucha y escoge.

	correcta	incorrecta
1.	☐	☐
2.	☐	☐
3.	☐	☐
4.	☐	☐
5.	☐	☐
6.	☐	☐

Actividad H Escucha y escribe.

____

Actividad I Escucha.

Actividad J Escucha y repite.

Venezuela y Colombia

Nombre ______________________ Fecha ______________________

Lección 1: Cultura

Vocabulario

A Completa.

1. El ______________________ lacustre a orillas del río está sobre pilotes.
2. Hay mucho tráfico de barcos en la ______________________ del río Magdalena y el Caribe.
3. Cerca de Santa Marta hay muchas ______________________ con playas pintorescas.
4. Hace mucho tiempo que no llueve. Ha sido una ______________________ larga.
5. Hay muchas lanchas y barcos ______________________ (en el río) que transportan mercancías y pasajeros.
6. A orillas de los ríos en las zonas tropicales hay vegetación ______________________.
7. Una ______________________ que tiene ______________________ no está en buenas condiciones financieras.
8. Lo tendré en mi memoria para siempre. Fue una cosa ______________________.
9. La empresa que él estableció tenía tanto éxito que él ______________________ personalmente.
10. A mi parecer hay poca diferencia entre los documentos. Los tres ______________________ mucho.

La geografía

B Identifica.

1. el tamaño de Venezuela

____

____

2. la cuenca del Orinoco

3. los llanos venezolanos

4. el lago Maracaibo

5. las divisiones geográficas de Colombia

6. el río Magdalena

7. Bogotá

8. Medellín

Una ojeada histórica

C Contesta.

1. ¿Qué país dio vida a la famosa leyenda de *El Dorado*?

2. ¿Quién debía mucho dinero a unos banqueros alemanes?

3. Como consecuencia, ¿qué les dio?

4. ¿Cómo se llamaban los banqueros alemanes?

5. ¿Quién fue Ambrosio Alfinger?

6. ¿Qué hizo Nicolás de Federman?

7. Había tres señores que se encontraron en Bogotá. ¿Quiénes fueron? ¿Bajo qué circunstancias llegó cada uno de ellos a Bogotá?

8. ¿En qué sentido salió victorioso Gonzalo Jiménez de Quesada?

D Describe el papel que jugó Simón Bolívar en la lucha por la independencia de la Gran Colombia.

E Contesta.

1. ¿Qué le pasó a la Gran Colombia? ¿Por qué?

____

____

____

2. ¿Cómo murió Simón Bolívar?

____

____

____

Lección 2: Gramática

El imperfecto del subjuntivo

A Contesta.

What form of the verb serves as the stem for the formation of the imperfect subjunctive of all verbs?

____

____

B Completa con la forma apropiada del verbo indicado.

1. Yo preferiría que él lo ______________ pero él prefirió que yo lo ______________. (hacer, hacer)
2. Él quería que (nosotros) lo ______________ pero quería que otro nos lo ______________. (saber, decir)
3. Dudé mucho que ellos ______________ comprender la situación. (poder)
4. Sería necesario que ustedes se lo ______________ a Enrique. (pedir)
5. Y Enrique nos pidió que lo ______________. (ayudar)
6. Me alegraba de que ellos ______________. (venir)

Nombre ______________________ Fecha ______________________

C Completa cada frase. Luego cambia el primer verbo al imperfecto y haz todos los cambios necesarios.

1. Es importante que ellos ______________ a tiempo. (llegar)
____

2. Quiero que ellos ______________ pero temo que no ______________. (estar, asistir)
____

3. ¿Prefieres que lo ______________ yo o que lo ______________ ellos? (hacer, hacer)
____

4. Temo que él ______________ la empresa y que no ______________ éxito. (empezar, tener)
____

5. Es necesario que tú ______________ de acuerdo con él. (ponerse)
____

D Completa cada frase. Luego cambia el primer verbo al condicional y haz todos los cambios necesarios.

1. Será necesario que todos nosotros ______________ juntos. (ir)
____

2. Ella hablará de una manera clara para que sus estudiantes ______________. (comprender)
____

3. Él lo hará con tal de que tú lo ______________. (hacer)
____

4. Saldrán sin que nosotros lo ______________. (saber)
____

5. Ellos estarán a menos que ______________ enfermos. (estar)
____

El subjuntivo con conjunciones de tiempo

A Escribe cuatro frases con **cuando, en cuanto, tan pronto como, hasta que** o **después de que.** Escribe el primer verbo en el pasado.

1. ______________________________
2. ______________________________
3. ______________________________
4. ______________________________

Nombre ______________________________ Fecha ______________________________

B Escribe cuatro frases con **cuando, en cuanto, tan pronto como, hasta que** o **después de que.** Escribe el primer verbo en el futuro.

1. ______________________________
2. ______________________________
3. ______________________________
4. ______________________________

C Escribe dos frases con **antes de que** con el primer verbo en el futuro. Luego escribe dos frases más con el primer verbo en el pretérito.

1. ______________________________
2. ______________________________
3. ______________________________
4. ______________________________

El subjuntivo con aunque

A Escribe cuatro frases con **aunque.** Después explica por qué usaste un verbo en el indicativo o en el subjuntivo.

1. ______________________________
____
2. ______________________________
____
3. ______________________________
____
4. ______________________________
____

Por y para

A Completa con **por** o **para.**

1. Ellos salen hoy ______________ Medellín.
2. Yo no pude ir, así que Carlota fue ______________ mí.
3. Ellos querían dar un paseo ______________ el Retiro.
4. Yo compré los regalos ______________ Luisa pero son ______________ Teresa.
5. Los niños corrieron ______________ todas partes.
6. Estoy aquí ______________ estudiar, no ______________ divertirme.
7. ______________ cubano, habla muy bien el inglés.

8. ¿Me puede decir cuándo sale el tren ____________ Córdoba?
9. Si él no lo puede hacer, ¿lo puedes hacer ____________ él?
10. Ellos estuvieron en las montañas ____________ dos semanas, o sea, quince días.
11. ____________ inglés, Keith habla muy bien el español.
12. Él me dio un euro ____________ un dólar.
13. ____________ despacio que hable es imposible entenderlo.
14. ____________ un joven, viaja mucho.
15. Esta bolsa es ____________ mi madre.
16. No tengo mucha confianza en el correo. ¿Por qué no lo mandamos ____________ correo electrónico?
17. El héroe luchó y murió ____________ su patria.
18. Ellos tienen que terminar el trabajo ____________ la semana que viene.
19. Ellos estarán aquí ____________ Navidad o Año Nuevo.
20. ____________ el día veinte y cinco tienen que estar en Almería.

B Escribe de nuevo con **por** o **para**.

1. Papá no podía asistir, así que yo fui *en lugar de* él.

   ____

2. Los chicos están corriendo *en* la calle.

   ____

3. Voy a la tienda *en busca de* frutas y legumbres.

   ____

4. Mis padres lo pagaron *en vez de* mí.

   ____

5. Subimos al tren *con destino a* Balboa.

   ____

6. *A pesar de que es* rico, no es generoso.

   ____

7. La ciudad fue destruida *a causa de* la guerra.

   ____

8. Me gusta mucho viajar *en* Perú. Es un país muy interesante.

   ____

Nombre ______________________ Fecha ______________________

Lección 3: Periodismo

Un tren en honor de Macondo

Una multitud celebró el regreso de Gabo *a Aracataca*

Vocabulario

A Completa.

1. Es peligroso viajar en tren cuando ______________________ están en malas condiciones.
2. Pepe es el ______________________ de José.
3. Muchas empresas tienen que pagar los impuestos por ______________________.
4. Se ve una expresión de alegría en su ______________________.
5. ¡Qué calor! Está ______________________.
6. Los obreros me dijeron que tendría que pagar más por su trabajo de lo que se indica en el ______________________ que me dieron antes.

Lectura

B Escribe una sinopsis del viaje de regreso que hizo García Márquez a Aracataca para celebrar sus ochenta años.

____

____

____

____

____

____

____

Nombre ______________________ Fecha ______________________

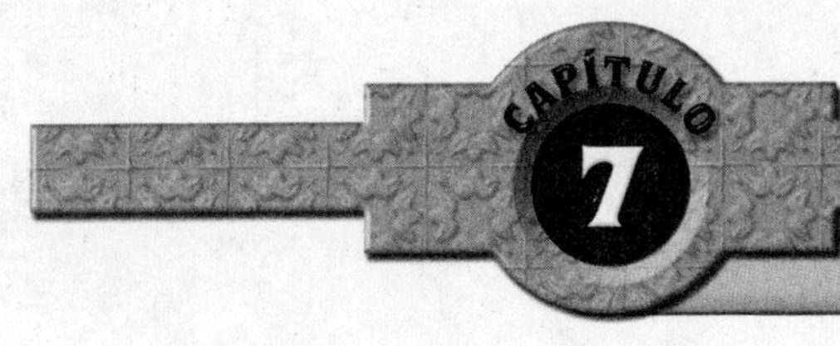

Venezuela y Colombia

Lección 1: Cultura

Actividad A Escucha y repite.

Actividad B Escucha y escoge.

	sí	no
1.	☐	☐
2.	☐	☐
3.	☐	☐
4.	☐	☐
5.	☐	☐
6.	☐	☐

Actividad C Escucha y contesta.

Actividad D Escucha.

Actividad E Escucha y escoge.

1. a b
2. a b
3. a b
4. a b
5. a b

Nombre ______________________ Fecha ______________________

Lección 2: Gramática

Actividad A Escucha y escoge.

	pretérito	imperfecto del subjuntivo
1.	☐	☐
2.	☐	☐
3.	☐	☐
4.	☐	☐
5.	☐	☐
6.	☐	☐
7.	☐	☐
8.	☐	☐
9.	☐	☐
10.	☐	☐

Actividad B Escucha y habla.

Actividad C Escucha y contesta.

Actividad D Escucha y habla.

Actividad E Escucha y contesta.

Actividad F Escucha y contesta.

Actividad G Escucha y contesta.

Actividad H Escucha y contesta.

Lección 3: Periodismo

Actividad A Escucha y repite.

Actividad B Escucha y escoge.

	correcta	incorrecta
1.	☐	☐
2.	☐	☐
3.	☐	☐
4.	☐	☐
5.	☐	☐
6.	☐	☐

Nombre ______________________ Fecha ______________________

Lección 4: Literatura

Actividad A Escucha y repite.

Actividad B Escucha y escoge.

	sí	no
1.	☐	☐
2.	☐	☐
3.	☐	☐
4.	☐	☐
5.	☐	☐

Actividad C Escucha.

Actividad D Escucha y repite.

Actividad E Escucha y repite.

Actividad F Escucha y contesta.

Actividad G Escucha y escoge.

	correcta	incorrecta
1.	☐	☐
2.	☐	☐
3.	☐	☐
4.	☐	☐
5.	☐	☐

Actividad H Escucha.

Actividad I Escucha y escoge.

	el hijo	el padre
1.	☐	☐
2.	☐	☐
3.	☐	☐
4.	☐	☐
5.	☐	☐
6.	☐	☐
7.	☐	☐

Nombre ______________________ Fecha ______________________

Actividad J Escucha y escribe.

____

____

____

____

____

Estados Unidos

Nombre _______________ Fecha _______________

Estados Unidos

Lección 1: Cultura

Vocabulario

A Parea.

1. ______	ilustre	**a.**	indígena
2. ______	proveer	**b.**	hospedar
3. ______	autóctono	**c.**	tomar algo por fuerza
4. ______	apoderarse de	**d.**	dar lo necesario
5. ______	albergar	**e.**	renombrado

B Identifica.

1. el censo _______________
2. autóctono _______________
3. la etnia _______________

Lectura

C Explica el origen o la derivación del término «hispano».

____

____

____

____

____

____

D Identifica los muchos grupos hispanohablantes que viven en Estados Unidos.

____

____

____

____

____

____

E Explica como es que la gente hispanohablante en Estados Unidos pertenece a un grupo mucho más heterogéneo que solo el grupo de su país de origen.

____

____

____

____

____

____

Nombre ______________________ Fecha ______________________

Lección 2: Gramática

Pluscuamperfecto del subjuntivo

A Cambia el primer verbo del presente al pretérito o del futuro al condicional y haz los cambios necesarios.

1. Dudo que ellos hayan terminado.

   ____

2. Nos sorprende que él lo haya dicho.

   ____

3. ¿Te gusta que les haya interesado tanto?

   ____

4. Es bueno que ellos hayan resuelto el problema.

   ____

5. Será posible que ellos ya hayan vuelto.

   ____

6. Les sorprenderá que tú no me hayas dicho nada.

   ____

7. Él dudará que yo no haya terminado el trabajo.

   ____

...áusulas con si

A Escribe dos frases más. Sigue el modelo.

MODELO **a. Tú asistirás al concierto si yo también asisto.**
b. Tú asistirías al concierto si yo también asistiera.
c. Tú habrías asistido al concierto si yo también hubiera asistido.

1. a. Yo iré a California si alguien me da el dinero.
b. ____________________
c. ____________________

2. a. ____________________
b. Ellos lo harían si tuvieran más tiempo.
c. ____________________

3. a. ____________________
b. ____________________
c. Él nos habría dado ayuda si la hubiéramos necesitado.

4. a. Llegaré a tiempo si no pierdo el bus.
b. ____________________
c. ____________________

5. a. ____________________
b. Yo iría si ellos me invitaran.
c. ____________________

6. a. Él hará el viaje si tiene bastante dinero.
b. ____________________
c. ____________________

B Escribe seis frases originales con **si**.

1. ____________________
2. ____________________
3. ____________________
4. ____________________
5. ____________________
6. ____________________

Nombre ______________________ Fecha ______________________

El subjuntivo en cláusulas adverbiales

A Completa.

1. Él no podrá hacerlo sin que tú lo ______________. (ayudar)
   Él no podría hacerlo ______________________________.
2. Ellos no irían a menos que yo ______________. (ir)
   Ellos no irán ______________________________.
3. Ellos no sabrán nada con tal de que tú no les ______________ nada. (decir)
   Ellos no sabrían ______________________________.
4. Ella hablaría de manera que todos nosotros la ______________. (comprender)
   Ella hablará ______________________________.
5. Lo haré para que tú ______________ que estoy hablando en serio. (saber)
   Lo hice ______________________________.

B Escribe una frase original con cada una de las siguientes conjunciones.

para que **sin que** **a menos que**

1. ______________________________
2. ______________________________
3. ______________________________

Adjetivos apocopados

A Completa la conversación.

—Carlitos es un ______________ (1) niño. (bueno)

—Es verdad. Es adorable. ¿En qué grado está ahora?

—Está en el ______________ (2) grado. (primero)

—No me lo digas. Parece que entró ayer en el kinder.

—______________ (3) día va a ser un ______________ (4) hombre. (alguno, grande)

—Será el más importante de toda la ciudad de ______________ (5) Domingo. (Santo)

Nombre ______________________________ Fecha ______________________________

Usos especiales de los artículos

 Contesta.

1. ¿Cuáles son algunos animales?

   ____

2. ¿Cuáles son algunas ciencias?

   ____

3. ¿Cuáles son algunos idiomas?

   ____

4. Por lo general, ¿qué les gusta a los niños?

   ____

5. ¿Cuál es tu estación favorita del año?

   ____

6. ¿Cuál es tu deporte favorito?

   ____

B Completa con el artículo definido cuando necesario.

—Buenos días, ______(1)______ señorita Gómez.

—Buenos días, ______(2)______ señor Guillén. ¿Cómo está usted?

—Muy bien. ¿Está ______(3)______ doctor Jiménez hoy?

—Lo siento mucho. En este momento ______(4)______ doctor Jiménez no está. Hubo una emergencia en el hospital.

—¿Sabe usted a qué hora va a volver?
(Suena el teléfono.)

—Perdón, un momentito, ______(5)______ señor Guillén.
(Contesta el teléfono.)

—¡Aló! Ah, ______(6)______ doctor Jiménez. En este momento está ______(7)______ señor Guillén en la consulta. Quiere saber a qué hora usted volverá al consultorio. Ah, bien. Se lo diré.

(______(8)______ señorita Gómez cuelga el teléfono.)

—¡Desgraciadamente ______(9)______ doctor Jiménez no volverá esta tarde! Tiene que operarle a un paciente. ¿Puede usted volver mañana por la mañana a las diez, ______(10)______ señor Guillén?

—De acuerdo, ______(11)______ señorita. Estaré aquí mañana a las diez.

C Contesta según la conversación.

1. ¿Dónde está el señor Guillén?

2. ¿Con quién habla él?

3. ¿Con quién quiere hablar?

4. ¿Está o no está el doctor Jiménez?

5. ¿Quién contesta el teléfono?

6. ¿Quién llama?

7. ¿Por qué no volverá al consultorio el doctor Jiménez?

8. ¿Para cuándo tiene cita con el doctor Jiménez el señor Guillén?

D Lee una vez más la conversación en la Actividad B. Luego escribe en tus propias palabras todo lo que pasó en el consultorio.

Nombre ______________________ Fecha ______________________

E Completa con el artículo definido cuando necesario.

1. ______________ lunes es el primer día de la semana.
2. Mi hermano sale para Madrid ______________ lunes.
3. Tenemos clases ______________ lunes.
4. ______________ lunes y ______________ martes son días laborables.
5. ______________ sábado y ______________ domingo son días feriados.

F Contesta según se indica.

1. ¿Qué es el doctor Suárez? (profesor)

   ____

2. ¿Qué tipo de profesor es? (fantástico)

   ____

3. ¿Qué es la doctora Casals? (cirujana)

   ____

4. ¿Qué tipo de cirujana es? (ortopédica muy buena)

   ____

Nombre ______________________ Fecha ______________________

Lección 3: Periodismo

Mariachis de alma y corazón • Charros de corazón

Vocabulario

A Indica si la frase es lógica o no.

	sí	no
1. Una broma es algo serio.	☐	☐
2. Una persona afamada no tiene fama de nada.	☐	☐
3. Se olvida de todo. No rememora nada.	☐	☐
4. El cocinero se enorgulleció porque preparó una comida malísima.	☐	☐
5. Si aclaras lo que estás diciendo, te van a entender.	☐	☐
6. El charro es un vaquero mexicano.	☐	☐

B Da una palabra relacionada.

1. la memoria ______________________

2. la fama ______________________

3. claro ______________________

4. el orgullo ______________________

5. la ostentación ______________________

Lectura

C Contesta.

1. ¿Qué son los mariachis?

____

____

2. ¿Es el Cinco de Mayo el día nacional de México?

____

____

3. ¿Son mexicanos todos los mariachis?

____

____

4. Según el artículo, ¿en qué se ha convertido el sur de la Florida?

5. ¿Tocan unos mariachis música clásica también?

D Explica el significado de lo que dice el cónsul de México en Miami: «Me llena de orgullo que se celebre a México y el hecho de que los músicos de otras nacionalidades hayan elegido convertirse en expertos de los acordes mariachis».

Nombre ______________________ Fecha ______________________

CAPÍTULO 8

Estados Unidos

Lección 1: Cultura

Actividad A Escucha y repite.

Actividad B Escucha y escoge.

	sí	no
1.	☐	☐
2.	☐	☐
3.	☐	☐
4.	☐	☐
5.	☐	☐

Actividad C Escucha.

Actividad D Escucha y escribe.

1. el término «hispano»

____

____

2. los indígenas de las Américas

____

____

3. la diferencia entre la clasificación de los hispanos y los otros grupos que viven en Estados Unidos

____

____

4. la heterogeneidad de la población hispana

____

____

Lección 2: Gramática

Actividad A Escucha y habla.

Actividad B Escucha y habla.

Actividad C Escucha y contesta.

Actividad D Escucha y escoge.

1. a b c
2. a b c
3. a b c
4. a b c
5. a b c

Actividad E Escucha y contesta.

Actividad F Escucha y contesta.

Lección 3: Periodismo

Actividad A Escucha y repite.

Actividad B Escucha y contesta.

Actividad C Escucha y escoge.

	sí	no
1.	☐	☐
2.	☐	☐
3.	☐	☐
4.	☐	☐
5.	☐	☐
6.	☐	☐

Lección 4: Literatura

Actividad A Escucha.

Actividad B Escucha y escoge.

	correcta	incorrecta
1.	☐	☐
2.	☐	☐
3.	☐	☐
4.	☐	☐
5.	☐	☐
6.	☐	☐

Actividad C Escucha y repite.

Nombre ______________________ Fecha ______________________

Actividad D Escucha y escoge.

	sí	no
1.	☐	☐
2.	☐	☐
3.	☐	☐
4.	☐	☐
5.	☐	☐
6.	☐	☐
7.	☐	☐
8.	☐	☐
9.	☐	☐
10.	☐	☐

Actividad E Escucha.